Inhalt

Aktiv im Team

Liebevoll umsorgt

SPEZIAL

Erfahren Sie, wie das Chinchillaheim aussehen kann, Sie Freundschaft schließen und die Fütterung ein großer Spaß wird.

SPEZIAL

Lesen Sie, wie Sie sich am besten um Ihre Tiere kümmern, was bei einer Krankheit zu tun und bei Nachwuchs zu beachten ist.

Herzensbrecher mit Charme

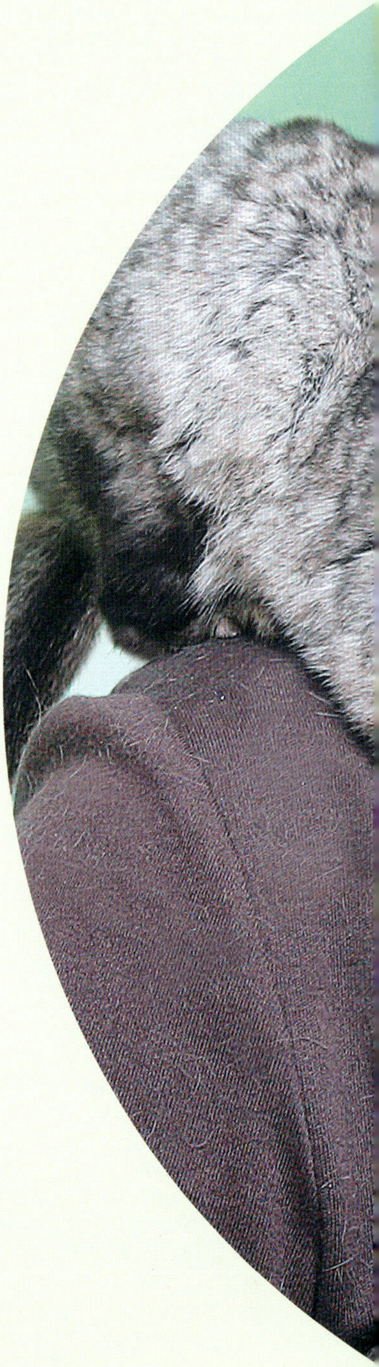

Knopfaugen, Riesenohren und ein dichtes, kuscheliges Fell, wer sich die temperamentvollen Südamerikaner etwas genauer anschaut, verliert schnell sein Herz an sie und ist sich sicher: Ein Chinchilla muss unbedingt ins Haus!

Doch die Nager sind Rudeltiere durch und durch und sollten mindestens zu zweit bei Ihnen zur Untermiete wohnen. Erst dann geben Sie die spannenden Geheimnisse ihres Verhaltens preis und lassen Sie an ihrem oft turbulenten Familienalltag teilhaben.

Immerhin können Chinchillas 20 Jahre alt werden und man weiß nie, welche Veränderungen das Leben bringt – deswegen ist es gut zu wissen, dass die Chinchillas sich mit ihren Artgenossen in allerbester Gesellschaft befinden.

Für Sie als engagierten Halter ist es natürlich auch Ehrensache, auf eine gesunde und ausgewogene Fütterung zu achten und den kletterfreudigen Nagern ein großes Gehege und täglich Auslauf zu bieten.

Dann wird Ihr Traum vom Wunschtier schon bald Wirklichkeit und die munteren und freundlichen Kobolde werden Ihnen jeden Abend ein spannendes Unterhaltungsprogramm bieten und ihr ganzes Vertrauen schenken.

Schmusetiere sind Chinchillas nicht. Doch bei liebevoller Pflege und inniger Zuwendung suchen die Racker gern Ihre Nähe und einige genießen es, zärtlich gestreichelt zu werden.

Chinchillas sind neugierige Kerlchen, die sich brennend für die Dinge interessieren, mit denen sich ihre Menschen beschäftigen.

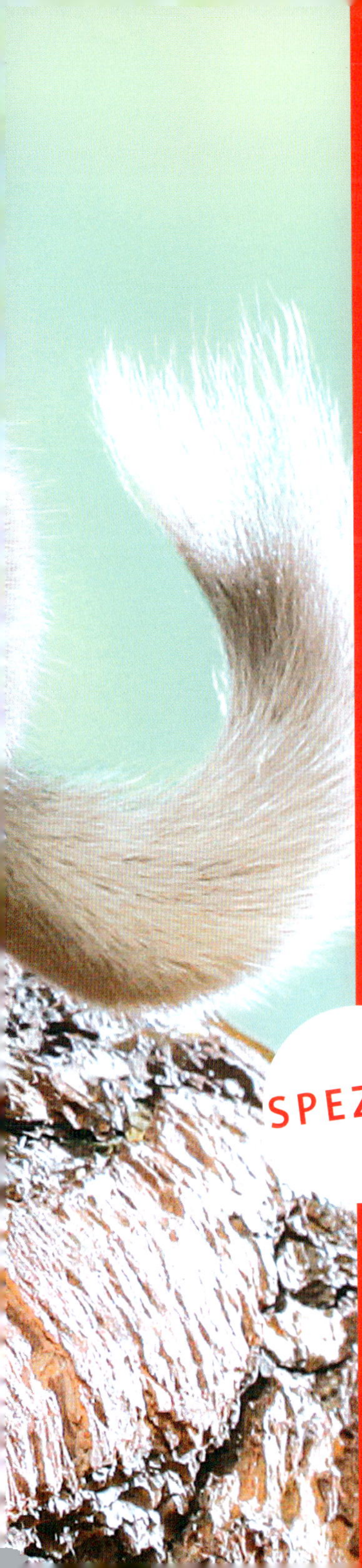

Gestatten Chinchilla

So leben Chinchillas

Einmal Chinchillafan – immer Chinchillafan! Wer seine Liebe zu den agilen Kerlchen entdeckt hat, ist in Ihren Bann geraten: Heilung ausgeschlossen. Die Nager, die von ihren Besitzern zärtlich „Chinchi" genannt werden, begeistern durch ihre ausgeprägte Persönlichkeit, liebenswerte Eigenschaften und einen unermüdlichen Entdeckerdrang. Ein Blick in das Gesicht eines Chinchillas – und schon hat man sein Herz verloren. Doch bei der Wahl eines Heimtieres ist die Liebe auf den ersten Blick ein schlechter Berater. Bevor Sie sich für einen neuen Hausgenossen entscheiden, ist Studieren angesagt: Wie lebt das Tier? Was frisst es? Wie groß muss seine Behausung sein? Wie kann ich es beschäftigen? Was gibt es für Krankheiten? All das sind Fragen, die man sich am besten vor dem Kauf stellen sollte, um die pelzigen Mitbewohner optimal versorgen zu können.

Üppige Haarpracht

Chinchillas haben ein unvergleichliches Fell. Aus einer einzigen Haarwurzel wachsen zwischen 40 bis 60 etwa drei Zentimeter lange Haare.

Das dichte und kuschelige Haarkleid schützt sie hervorragend gegen Kälte und Wind.

Befinden die Tiere sich in Stresssituationen, kann es passieren, dass sie ihre Haare büschelweise verlieren.

Der dichte Pelz verträgt aber keine Feuchtigkeit. Wird das Haar nass, saugt es sich blitzschnell voll.

Die Nager erhalten die Beschaffenheit ihres Fells, indem sie sich ausgiebig im Sand wälzen. Dabei lassen sie „Dampf ab" und bauen so Stress ab.

Leben in Südamerika

Die südamerikanischen Anden sind die Heimat der Chinchillas. Dort leben sie in kargen Gebieten von der Küste bis hoch in 5000 Meter Höhe, die geprägt sind von Felshängen, geringer Vegetation und starken Temperaturschwankungen – sommerliche Hitze tagsüber und Frost in der Nacht sind keine Seltenheit. Wie auch viele andere Nagetiere leben Chinchillas in Gruppen mit geregelter Sozialstruktur und strenger Hierarchie. Der Zusammenhalt in der Gemeinschaft gibt ihnen Sicherheit vor Feinden.

▸ **Den Tag** verschlafen Chinchillas in Felsspalten und Höhlen. In der Dämmerung geht es gemeinsam auf Futtersuche, die bei dem geringen Nahrungsangebot mehrere Stunden dauert.

▸ **Auf dem Speisezettel** stehen Gräser, Früchte, Blätter, Rinden, Disteln und Kakteen. Da Wasser in dieser Gebirgsregion rar ist, begnügen die Chinchillas sich mit dem Flüssigkeitsgehalt der Nahrung und den Tautropfen auf den Blättern.

Geschichte

Vermutlich hielten die Indios die Chinchillas genauso wie die Meerschweinchen schon früh zur Fleisch- und Fellgewinnung, was den natürlichen Bestand kaum gefährdet haben dürfte. Erst die Eroberung durch die Spanier machte das unvergleichliche Fell der Nager in Europa bekannt – mit schlimmen Folgen für die Tiere! 100 bis 200 Tiere müssen noch heute für einen Mantel ihr Leben lassen. Die Pelze erzielten hohe Preise, den Jägern und Händlern garantierte dies Gewinne und die wehrlosen Nager wurden gnadenlos gejagt. Zuchtversuche blieben Jahrhunderte lang erfolglos, erst gegen Ende des 19. Jahrhunderts gelang dies in größerem Maß. Doch da war es bereits zu spät für die frei lebenden Chinchillas, bis auf wenige Exemplare waren sie ausgerottet. Erst seit wenigen Jahren haben sie sich als Heimtier etabliert und es gibt nur wenige Hobbyzüchter – die meisten Tiere leben auch heute noch in Pelztierzuchtfarmen. Da Chinchillas erst seit kurzer Zeit gezüchtet werden, gelten sie nicht als domestiziert, sondern immer noch als Wildtier: Das muss man bedenken, wenn man sein Leben mit ihnen teilen möchte.

SMART

Hohe Lebenserwartung

- **20 Jahre** können Chinchillas bei optimaler Haltung alt werden.
- **Sie brauchen** Engagement, Sensibilität, Toleranz und Kreativität, um ihren Bedürfnissen gerecht zu werden.
- **Nur wenn** Sie absolut sicher sind, den Ansprüchen der Nager gerecht werden zu können, sollten Sie Ihr Leben mit Chinchillas teilen.

Die aktiven Nager brauchen die Gesellschaft von Artgenossen, um ein ausgefülltes und artgerechtes Leben führen zu können.

Zoologisches

Chinchillas gehören zur Ordnung der Nagetiere (Rodentia), der Unterordnung der Meerschweinchenartigen (Caviomorpha) und zur Familie der Hasenartigen (Chinchillidae). Die Gattung teilt sich in Lang- und Kurzschwanzchinchillas auf. Beide Arten sind in ihrer Heimat weitgehend ausgerottet, in Chile läuft ein Projekt zur Erhaltung der letzten frei lebenden Langschwanzchinchillas. Unsere Chinchillas gehören zur Art der langschwänzigen, die aus zwei regionalen Schlägen gekreuzt worden sein und von wenigen, aus Südamerika exportierten Tieren, abstammen sollen.

Faszinierende Fähigkeiten

Chinchillas haben sich dank ihrer „Ausstattung“ prima an das Leben in ihrer Umgebung angepasst. Auch in der Heimtierhaltung bleiben diese Fähigkeiten erhalten.

Sinnesleistungen

Die Sinne Ihrer Chinchillas können Ihnen wichtige Hinweise für den Umgang mit dem Tier geben.

- **Das Gehör** ist der wohl am besten ausgeprägte Sinn der südamerikanischen Nager. Die großen Ohren, die an Satellitenschüsseln erinnern, sind außerordentlich beweglich. Das Hörvermögen ist auch bei der Verständigung der Chinchillas mit Artgenossen von Bedeutung. Die großen Lauscher sind aber nicht nur zum Hören da, sondern haben dank ihrer guten Durchblutung auch eine wichtige Aufgabe bei der Regelung der Körpertemperatur.
- **Ihr Geruchssinn** ist vermutlich sehr gut ausgeprägt, schließlich spielt die Nase sowohl bei der Kontaktaufnahme und dem täglichen Umgang mit Artgenossen als auch bei der Prüfung von Nahrung und unbekannten Dingen eine wichtige Rolle. Das sollten Sie auch immer bedenken, wenn Sie Ihre Chinchillas streicheln – strenge Gerüche behagen ihnen gar nicht.
- **Große Augen**, perfekt an schlechte Lichtverhältnisse angepasst, sind typisch für dämmerungs- und nachtaktive Tiere. Trotzdem sehen die Tiere nicht sehr gut, haben ein schlechtes räumliches Sehvermögen und können Entfernungen nur schlecht einschätzen. Wie fast allen Tieren, die sich vor Beutefängern fürchten müssen, ermöglichen die weit auseinander stehenden Augen eine nahezu komplette Rundumsicht.
- **Die langen Tasthaare** im Gesicht ermöglichen es ihnen, sich auch bei völliger Dunkelheit in schmalen Röhren und Spalten zu orientieren. Diese Tasthaare, deren Wurzeln mit besonders vielen Nerven verbunden sind, können auch kleinste Vibrationen der Luft wahrnehmen.

Die geschickten Vorderpfötchen können wie kleine Hände Nahrung festhalten oder bei der Körperpflege sehr nützlich sein.

Rund um das Näschen befinden sich zahlreiche lange Tasthaare, deren Enden mit besonders vielen Nervenzellen ausgestattet sind.

▸ **Einen ausgeprägten Geschmackssinn** wird wohl jeder Chinchillahalter seinen Nagern bescheinigen. Nach dem Riechtest entscheidet der erste Happen, ob etwas schmeckt oder nicht. Viele Chinchillas entwickeln sich zu echten Feinschmeckern.

Akrobatik

Chinchillas sind wahre Kletter- und Sprungkünstler, ihre ganze Anatomie ist darauf abgestimmt. Eine wichtige Rolle spielt dabei der buschige Schwanz, der die Balance hält. Die Ballen an den Füßen geben den aktiven Tieren Halt und wirken wie kleine Puffer beim Sprung. Schub für atemberaubende Sprünge, sowohl in die Höhe und die Weite, geben die muskulösen, langen Hinterbeine. Welche Sprungkraft in dem Tieren steckt, werden Sie beim Freilauf erleben.

Nachtaktivität

Wenn andere Tiere träumen, drehen Chinchillas erst so richtig auf. Die kleinen Nager verschlafen den ganzen Tag und werden erst in der Dämmerung munter. Die Frühaufsteher unter ihnen wollen schon am späten Nachmittag Action haben, während die Langschläfer es gemütlich angehen lassen und erst zur Spielfilmzeit richtig wach werden. Doch dann muss bitte etwas los sein und es kann recht laut zugehen im Käfig. Beim Freilauf bringen die pelzigen Südamerikaner es auf erstaunliche Geschwindigkeiten und sind ständig auf Abenteuersuche.

▸ **Berufstätige** brauchen kein schlechtes Gewissen zu haben, wenn die Tiere tagsüber allein bleiben – im Gegenteil, dann haben sie Ruhe, die sie für ausgiebige Nickerchen brauchen.

SMART

Gut zu Fuss

› **Chinchillas** haben keine Krallen an den Zehen, wie Sie sie vielleicht schon von anderen Nagetieren kennen.
› **Stattdessen** besitzen Chinchillas kleine, schwarze Nägel an den Zehen, die in ihrer Form eher an Fingernägel erinnern.

Chinchilla-like

Die kleinen Fellknäuel begeistern ihre Fans durch ihre ausgeprägte Persönlichkeit: Von der scheuen Mimose über den arroganten Snob bis hin zum mutigen Draufgänger ist jeder Typ zu finden. Mit der Zeit werden Sie Ihre Tiere kennen lernen und herausfinden, zu welcher Kategorie sie gehören. Jedes Tier hat seine ganz besonderen Vorlieben, ein eigenes Verhalten und vielleicht auch die eine oder andere sympathische kleine Macke. Das macht Ihre pelzigen Freunde so liebenswert und das Zusammenleben mit ihnen so interessant. Erst bei der Haltung von zwei oder mehr Tieren werden die Charakterunterschiede besonders deutlich.

Klettern über Stock und Stein ist kein Problem für die flinken Nager – Turnen, Klettern und Flitzen zählen zu ihren „Lieblingshobbys".

So sind Chinchillas

Obwohl jedes Chinchilla einmalig ist, gibt es typische Verhaltensweisen, die die Tiere gemeinsam haben.

- **Neugier:** Trotz einer gesunden Portion Vorsicht sind Chinchillas sehr neugierig und können es kaum erwarten, neue Dinge in ihrer Umgebung genau zu erforschen und dem Nasen-Check zu unterziehen.
- **Verteidigung:** Fühlt sich ein Chinchilla in die Enge gedrängt, gibt es einen Warnlaut (Seite 32) von sich und wehrt sich mit einem Urinstrahl. Dazu stellt es sich auf und spritzt den Urin in Richtung des vermeintlichen Angreifers. Daran sollten Sie immer denken, wenn Sie ein scheues Tier einfangen wollen – sonst kann es unangenehm für Sie werden. Chinchillas als typische Fluchttiere beißen jedoch nur, wenn sie sich in eine

Was riecht denn da? Für eine interessante Entdeckung können Chinchillas sind ganz lang machen, um nahe ran zu kommen.

ausweglose Situation gedrängt fühlen und alle Verteidigungsmaßnahmen keinen Erfolg hatten.

- **Handarbeit:** Die fast an Menschenhände erinnernden kleinen Vorderpfoten sind wichtige Werkzeuge. Besonders putzig sieht es aus, wenn die Chinchillas aufrecht sitzen und einen Leckerbissen in den kleinen Pfoten halten.
- **Schmusig:** Chinchillas kuscheln gerne mit Artgenossen und machen es sich oft zusammen in einer Höhle gemütlich.
- **Kleiner Hüpfer:** In Erwartung eines Leckerbissens oder des ersehnten Freilaufs kann ein Chinchilla einen Freudentanz aufführen.
- **Körperpflege:** Sie dient nicht nur der Hygiene. Wenn die Chinchillas sich gegenseitig pflegen, stärkt das auch die Beziehung der Tiere untereinander.
- **Dunkelkammer:** Als Tagschläfer lieben die Tiere es, sich in dunklen Höhlen zu verkriechen. Ein Heim ohne Separée bedeutet Stress, deswegen unbedingt genügend Verstecke anbieten!

SMART

Chinchillas und Hunde

- **Viele Hunde** können lernen, Chinchillas in Ruhe zu lassen.
- **Gemeinsamer** Freilauf darf aber auch bei zuverlässigen Hunden nur unter Aufsicht sein.
- **Interessieren** sich Hunde trotz aller Erziehungsversuche für die Nager, müssen die Tiere konsequent getrennt gehalten werden, denn Anbellen und Scharren am Gehege stressen und belasten die Chinchillas sehr.

Chinchillas und andere Tiere

Von der Vergesellschaftung von Chinchillas mit anderen Nagern ist dringend abzuraten. Aktivitätsphasen, Ernährungs- und Haltungsansprüche sind zu verschieden und man könnte keinem Tier gerecht werden. Auch gemeinsamer Freilauf sollte nicht gewährt werden.

- **Die meisten Katzen** sollten weder Zugang zum Gehege haben, noch beim Freilauf anwesend sein.
- **Vögel** und Chinchillas sollten nicht in einem Raum untergebracht werden. Gerade Sittiche und große Papageien sind oft so laut, dass die Nager keinen Schlaf finden. Die Vögel können nachts durch die Geräusche aus dem Chinchillagehege in Panik geraten.

Kunterbunte Farbpalette

Chinchillas gibt es in zahlreichen Farbvarianten, die sich häufig nur durch ein kleines Detail unterscheiden.

Aus den ursprünglich wildfarbenen Chinchillas sind durch die Zucht zahlreiche hübsche Farbenschläge (Farbmutationen) entstanden. Maßgeblich daran beteiligt waren die Pelztierzüchter. Durch die enorme Anzahl von Zuchttieren traten häufig neue Mutationen auf. Doch auch heute gibt es immer wieder neue und schöne Farbvarianten – und viele Züchter haben sich sogar besonders auf die Zucht bestimmter interessanter Farben spezialisiert. Viele Farbvarianten sind außerordentlich selten, und manchmal muss man weite Wege in Kauf nehmen, um ein Tier mit dem gewünschten Outfit zu bekommen. Für den „normalen" Halter, der sich einfach nur liebe Hausgenossen wünscht, dürfte die Farbe seiner Chinchillas zweitrangig sein, ist es doch vielmehr deren nettes Wesen mit ihrer Neugier und Quirligkeit, die ihn begeistert. Neben den rechts vorgestellten Tieren gibt es z.B. noch Albinos. Für sie typisch sind ihr weißes Fell, die roten Augen, rosa Pfötchen und das rosa Näschen. Im Gegenzug dazu gibt es auch komplett schwarze Chinchillas mit einem wunderschön glänzenden Fell, sie werden „Ebony Dunkel" oder „Ebony Homo" genannt. Sehr hübsch sind auch die beigefarbenen Tierchen in mehreren Varianten und einer Fellfarbe von Creme bis Dunkelbeige, einem weißen Bauch, rosa Ohren und Pfötchen und roten, braunen oder schwarzen Augen. Sehr apart sehen auch weiß-silberne Chinchillas mit weißen Haaransätzen und schwarzen oder grauen Haarspitzen aus. Außerdem gibt es noch zahlreiche Farbschläge mit hübscher Scheckenzeichnung.

Standard

Der Klassiker unter den Chinchillas sind die wildfarbenen Tiere – ganz so, wie sie auch heute noch in geringer Zahl in freier Natur leben.

- **Mehr als Grau:** Das auf den ersten Blick schlicht grau erscheinende Fell zeigt sich bei genauem Hinsehen als eine raffinierte Kombination aus verschiedenen Farben, die einen tollen Effekt ergeben, der „Aguti" genannt wird – eine Farbe, die ursprünglich viele Nager besitzen.

- **Farbenspiel:** Jedes einzelne Haar besteht aus drei Farbbändern. Unten sind sie grau, dann folgt ein weißes Band und an der Spitze sind sie schwarz. Das Fell am Bauch ist weiß, die „Radarohren" sind grau, die hübschen Knopfaufen schwarz und die Schwanzunterseite zeigt sich grau bis schwarz.

White (Weiß)

Weiße Chinchillas sehen wie große flauschige Schneebälle aus und in dem hellen Gesicht kommen ihre schönen Augen besonders gut zu Geltung.

▸ **Besonderheiten:** Chinchillas, die das „Weiß-Gen“ in sich tragen, besitzen den bei ihnen mit dem Farbgen zusammenhängenden Letalfaktor und dürfen nicht untereinander verpaart werden, da es bei einer Trächtigkeit zu Totgeburten und hohen Risiken für das Muttertier kommen kann.

▸ **Nicht nur weiß:** Obwohl das Fell dieser Chinchillas am ganzen Körper weiß ist, sind die Ohren doch grau, was eine aparte Kombination ergibt. Die restlichen Hautpartien sind rosa und die Augen im Kontrast dazu schwarz. Tiere mit einem grauem Schwanzansatz bezeichnet man als Wilson-Weiß.

Black Velvet

Dies ist die „Edelvariante“ unter den Chinchillafarben und die Übersetzung des Namens könnte es nicht besser treffen, sie bedeutet „Schwarzer Samt“.

▸ **Besonderheiten:** Velvet-Chinchillas tragen ebenfalls den Letalfaktor, der bei ihnen mit dem Gen verbunden ist, das für die Verteilung der Farben zuständig ist. Auch sie dürfen nicht untereinander verpaart werden (Seite 57). Bei der Paarhaltung von Velvets sollte der Bock kastriert werden.

▸ **Vielfältig:** Black Velvets wurden erstmals in der Mitte des letzten Jahrhunderts gezüchtet. Sie besitzen schwarzes Fell an Rücken und am Kopf, die Seiten sind grau und der Bauch hell, im Idealfall weiß. Die Ohren sind grau und die Augen schwarz. Velvets gibt es z.B. auch in Braun, Blau und Saphir.

Violett

Sie werden auch „Afro-Violett“ genannt und begeistern ihre Liebhaber durch den, wie der Name schon verrät, violettfarbenen Schimmer in ihrem Fell.

▸ **Namenskunde:** Die Bezeichnung „Afro-Violett“ bezieht sich auf den Ort des ersten Auftretens der Mutation, eine Farm, die sich in Rhodesien befand. Der Besitzer war ein Amerikaner namens Sullivan, deswegen sind diese Chinchillas auch unter der Bezeichnung „Sullivan-Violett“ bekannt.

▸ **Gleichmäßig:** Ihr Haarkleid zeichnet sich durch das ebenmäßig den Körper bedeckende grau oder blau wirkende Fell mit einem violettfarbenen Einschlag aus. Deutlich abgegrenzt davon ist die weiße Bauchpartie. Ihre Augen sind schwarz und die Ohren tragen die schöne graue Farbe des Körpers.

Partnerwahl

Mit der Entscheidung für ein Heimtier übernehmen Sie eine große Verantwortung – bei Chinchillas vielleicht für 20 Jahre.

Passen Chinchillas wirklich zu mir?

Sie sollten alle Fragen mit „ja“ beantworten.

- Möchte ich mich bis zu 20 Jahre „binden“?
- Bin ich bereit, zwei Chinchillas zusammen zu halten und eine aufwändige Vergesellschaftung auf mich zu nehmen, wenn eines stirbt?
- Kann ich jeden Abend ein bis zwei Stunden für ihre Betreuung einplanen?
- Ist die Versorgung auch im Urlaub oder während einer Krankheit gesichert?
- Habe ich einen ruhigen Platz für ein großes Gehege?
- Kann ich es hinnehmen, dass vielleicht teure Möbel angeknabbert werden?
- Stört es mich nicht, wenn die Chinchillas beim Freilauf Kot verlieren?
- Bin ich geduldig, wenn ein Tier nach dem Freilauf nicht sofort in sein Gehege zurückkehrt (Seite 42)?
- Lassen meine Kinder die Tiere tagsüber schlafen?
- Akzeptieren alle Familienangehörigen, dass Chinchillas keine Kuscheltiere sind?
- Besteht keine Allergie gegen Chinchillahaare, Heu oder Einstreu?
- Bin ich bereit, die relativ hohen Kosten für Anschaffung und Haltung zu tragen?
- Vertragen sich meine anderen Haustiere mit den Chinchillas oder kann ich sie dauerhaft sicher getrennt halten (Seite 13)?
- Lasse ich mich von den nächtlichen Geräuschen der Chinchillas nicht stören?
- Bin ich bereit, sofort zum Tierarzt zu fahren, wenn ein Tier krank ist (Seite 50)?

Das richtige Team

Chinchillas sollten mindestens zu zweit gehalten werden, das gibt ihnen Geborgenheit und die wichtigen Sozialkontakte.

Ihr bezauberndes Wesen in all seinen Facetten werden die Nager nur dann zeigen, wenn sie in Gesellschaft von Artgenossen leben.

▸ **Geschlechterfrage:** Bei Pärchen wird sich meistens Nachwuchs einstellen – und das nicht nur einmal. Unkontrollierter Vermehrung wäre ein Ende gesetzt, wenn Sie das Männchen kastrieren lassen. Doch dieser Eingriff ist bei Chinchillas risikoreich (Seite 50). Die Alternative sind zwei gleichgeschlechtliche Tiere. Versuchen Sie, zwei Geschwister zu bekommen, egal ob Männchen oder Weibchen, beide Konstellationen verstehen sich meistens gut. Grundsätzlich ist die Haltung von zwei weiblichen Tieren einfacher, so auch bei Mutter und Tochter. Bei der Haltung von zwei Männchen bleibt der Frieden allerdings nur erhalten, solange kein Weibchen in „Riechnähe" ist. Nehmen unkastrierte Männchen den Duft eines geschlechtsreifen Weibchens auf, sind ernsthafte Kämpfe die Folge und die Tiere müssen getrennt und neu vergesellschaftet werden.

▸ **Welches Alter?** Junge Chinchillas im Alter von drei oder vier Monaten fassen schnell Zutrauen zu ihrem Menschen. Wenn man aber die hohe Lebenserwartung der Tiere bedenkt, sollte die Möglichkeit in Betracht gezogen werden, ältere Chinchillas zu sich zu nehmen, die im Tierschutz auf neue Menschen warten. Auch ältere „Second-Hand-Tiere" bauen schnell Vertrauen auf, wenn sie genügend Ruhe und Zeit zur Eingewöhnung bekommen. Gerade bei älteren Tieren ist meist der Charakter bekannt, sie sind oft zahm und die Paarbindung ist bereits gefestigt. ●

Geschwister vertragen sich meist auch erwachsen noch gut miteinander und stellen zusammen allerlei Schabernack an.

SMART

Second-Hand-Tiere

- **Anfänger** in der Haltung von Chinchillas können mit einem älteren, bereits eingespielten Team sehr gut beraten sein.
- **Erkundigen** Sie sich doch einfach im Tierheim oder bei einer Vermittlungsstelle im Internet.

Richtig aussuchen

Obwohl Chinchillas als Heimtiere sehr beliebt sind, ist es nicht immer einfach, gesunde Tiere zu bekommen. Lassen Sie sich nicht von weiten Wegen oder möglichen Wartezeiten abhalten, um Ihre Traumtiere zu finden.

Viele Tierheime oder Chinchilla-Vermittlungsstellen (Seite 60) suchen auch für Jungtiere oder Chinchillas seltener Farbschläge gute Plätze. Vielleicht wartet dort auch genau das Duo, das Sie sich wünschen. Alternativ können Sie sich auch im gut geführten Zoofachhandel nach den neuen Hausgenossen umschauen. Oder Sie wenden sich direkt an einen Züchter, der die Nager als Heimtiere und nicht für die Pelzproduktion züchtet. Adressen gibt es in Fachzeitschriften oder im Internet. Dort werden Sie gut beraten und die Kleinen sind von Anfang an an Menschen gewöhnt. Ein guter Züchter sollte geduldig auf Ihre Fragen antworten, für eventuelle Probleme auch nach dem Kauf ein offenes Ohr haben und Ihnen nützliche

◄ **Kriterien bei der Auswahl**

① Die Tiere machen einen gesunden und gepflegten (Checkliste Seite 50) und die Unterbringung einen sauberen Eindruck. Die Chinchillas leben in einem großen und interessant eingerichteten Käfig. Sie können sich in Schlafhäuschen verstecken und es steht ständig ein Sandbad bereit. Sie werden mit speziellem Chinchillafutter gefüttert und haben Heu zur freien Verfügung. Sie werden nicht zusammen mit anderen Tieren im Käfig gehalten. Die Räume sind hell, das Raumklima ist eher trocken als feucht, es herrscht keine Zugluft. Der Anbieter beantwortet geduldig und kompetent Ihre Fragen und drängt Sie nicht zum Kauf.

Tipps geben. Er sollte Ihnen Zeit für Ihre Entscheidung lassen und Ihnen bereitwillig alle bei ihm lebenden Tiere zeigen. Viele Züchter bieten Ihnen auch ihre Hilfe bei der Vergesellschaftung (Seite 34) von zwei Tieren an. Ein Lunchpaket mit einem kleinen Vorrat des gewohnten Futters ist für ihn Ehrensache. Natürlich gibt es auch Pelztierzüchter, die Chinchillas in Privathände abgeben. Diese Tiere haben dann nicht die gewünschte Farbe oder sind für die Zucht ungeeignet. Sollte es Ihr Wunsch sein, solch einem Tier zu helfen, müssen Sie sich aber bewusst sein, dass diese Chinchillas in ihrem bisherigen Leben keinen engen Kontakt zu Menschen hatten. Nach der Eingewöhnungsphase fassen aber auch diese Chinchillas Vertrauen zu Ihnen.

Wo Sie auch immer Ihre Chinchillas herbekommen, die auf diesen Seiten aufgeführten Auswahlkriterien müssen alle erfüllt sein, damit Sie viel Freude an Ihren neuen Hausgenossen haben. Jedes Tier der Gruppe muss gesund sein, zeigt auch nur eines Krankheitsanzeichen, sollten Sie dort keine Chinchillas kaufen!

2

Auswahl-Tipps ▲ Schauen Sie sich Ihre künftigen Hausgenossen an, wenn sie munter sind, also am Abend. Vereinbaren Sie vorher dazu einen Termin. Wenn Sie sich erstmals Chinchillas ins Haus holen, sollten Sie ruhige und keine hektischen Tiere wählen. Das lässt sich gut beim Herausnehmen aus dem Käfig beobachten. Mit Freude werden sich nur wenige Chinchillas anfassen lassen, doch sie sollten dabei auch nicht panisch sein und sich anschließend schnell wieder beruhigen.

Aktiv im Team

Lebensraum für kleine Entdecker

Bevor Ihre neuen Mitbewohner bei Ihnen einziehen, sollten Sie alle nötigen Vorbereitungen treffen, damit die Ankunft für die schreckhaften Tiere mit möglichst wenig Stress verbunden ist, der Transport ist bereits aufregend genug. Richten Sie das Chinchillaheim schon fix und fertig ein und füllen Sie den Futternapf und die Tränke auf, damit Sie in der ersten Zeit nicht am Gehege hantieren müssen.

Das Chinchillaheim

Chinchillas wollen klettern und flitzen, dazu brauchen sie viel Platz! In einem großen Gehege können sie die Vorzüge ihres bezaubernden Wesens erst so richtig entfalten und bieten Ihnen dadurch die faszinierende Möglichkeit, ihr natürliches Verhalten zu beobachten. In einem Käfig mit den Maßen 1,70 m Höhe, 1,00 m Breite und 0,70 m Tiefe fühlen sich zwei Chinchillas wohl, größer darf es natürlich immer sein. Achten Sie darauf, dass die Stäbe nicht lackiert oder mit Kunststoff ummantelt sind, ideal sind Messing- oder verzinkte Gitter. Tauschen Sie Bodenschubladen aus Kunststoff gegen Schubladen aus Metall aus, diese können die Tiere nicht anknabbern. Zur einfachen Reinigung und Anbringung des Zubehörs sollte das Gehege unbedingt mehrere große Türen haben, damit Sie alle Ecken bequem erreichen können. Im Fachhandel werden zahlreiche Nagerkäfige angeboten, auch spezielle für Chinchillas. Die Gitter sollten einen Abstand von maximal zwei Zentimetern besitzen, damit auch Jungtiere nicht ausbüxen.

- **Vogelvolieren** sind bei vielen Haltern zur Unterbringung ihrer Chinchillas sehr beliebt, als besonders praktisch haben sich die großen Volieren für Papageien erwiesen. Kunststoffschubladen sollten Sie gegen Metallschubladen ersetzen.
- **Schrankkäfige** sind eine preiswerte Alternative. Dazu bringen Sie an einem großen

Röhren und Tunnel gehören in jedes Chinchillaheim und bieten den Tieren Versteckmöglichkeiten und Plätze zum Dösen und Schlummern.

Große Wurzeln laden zum Klettern und Turnen ein, lassen sich anknabbern und werden zu begehrten Aussichtsplätzen.

Schrank Gittertüren an und richten ihn wie einen Käfig ein. Die Wände können aus beschichteten Spanplatten bestehen, achten Sie aber darauf, dass es keine Ansatzpunkte zum Knabbern gibt. Die Tiere sind darin vor Zugluft geschützt und das Möbelstück passt sich harmonisch in die Wohnungseinrichtung ein.

▸ Individuell zusammenstellen können Sie genormte Gitterelemente aus dem Zoofachhandel, die Montage ist mit etwas handwerklichem Geschick ganz einfach. Damit können Sie das Gehege der gewünschten Größe anpassen und bei Bedarf jederzeit erweitern.

SMART

Viel Platz

- **Freilauf** im Zimmer ist für Chinchillas stets zeitlich begrenzt, da er immer nur unter Ihrer Aufsicht stattfinden sollte.
- **Im Gehege** verbringen Ihre Tiere deswegen die meiste Zeit des Lebens.
- **Bieten Sie** ihnen aus diesem Grund möglichst viel Raum und Abwechslung zur Entfaltung Ihrer zahlreichen Talente.

Standort-Check

Die richtige Platzierung ist ganz entscheidend für das Wohlbefinden Ihrer Tiere.

▸ Geschützt: Der Käfig steht an einer Wand oder in einer Ecke, das gibt den Chinchillas Sicherheit.

▸ Temperatur: Trockenes Raumklima, nicht feucht und mit einer Temperatur von 15 bis maximal 23 °C ist ideal für Ihre Chinchillas.

▸ Frische Luft: Das Zimmer muss unbedingt frei von jeglichen Dämpfen und Zigarettenrauch sein.

▸ Zugluft: Sie muss unbedingt vermieden werden, testen Sie mit einer Kerze.

▸ Freundlich: Der Raum sollte hell sein und einen natürlichen Tag- und Nachtrhythmus haben, das Gehege darf aber auf keinen Fall in direkter Sonne stehen.

▸ Fester Schlaf: Das Gehege sollte so weit von Schlaf- und Kinderzimmer entfernt stehen, dass die Geräusche des nächtlichen Tobens Ihren Schlaf nicht stören.

▸ Kontakt: Die Familie hält sich abends in dem Raum des Geheges auf.

▸ Ruhe: Tagsüber gibt es weder hektisches Treiben noch laute Geräusche am Chinchillagehege.

▸ Orientierung: In diesem Raum wird auch der abendliche Freilauf gewährt.

▸ Sicher: Die Chinchillas werden nicht von anderen Heimtieren gestört.

Zubehör

Möchten Sie in einem kleinen Zimmer leben, in dem es nur ein Bett, zwei Stühle, einen Teller und ein Wasserglas gibt? Sicher nicht! Genauso müssen sich aber Chinchillas fühlen, die ihr Dasein in einem Käfig mit Futter- und Wassernapf, zwei Sitzbrettern und einem Schlafhäuschen verbringen müssen. Dabei lässt sich ein Gehege mit etwas Phantasie in ein wahres Abenteuerparadies verwandeln. Um es vorweg zu sagen: Wer seinen Chinchillas eine anregende und interessante Inneneinrichtung bieten will, muss mehr Zeit für den Hausputz des Geheges aufwenden. Doch dieser Mehraufwand ist schnell vergessen, wenn Sie erleben, wie Ihre Tiere die ganze Nacht darin flitzen, toben und klettern, es sich in den Höhlen gemütlich machen und nach einer „arbeitsreichen" Nacht tief und fest schlafen und von ihren spannenden Erlebnissen träumen.

Einrichtungs-Tipps

Verwenden Sie für die Inneneinrichtung kein Plastik! Die Chinchillas benagen es gern und können schwer erkranken, wenn sie Teile davon fressen.

Ausstattungsgegenstände dürfen nicht mit Draht (Gefahr des Verfangens) oder Schnüren (Gefahr des Verfangens oder Fressens) im Käfig befestigt werden.

Achten Sie bei der Gestaltung der Einrichtung darauf, dass sich die Chinchillas nicht an scharfen Kanten, Nägeln oder Drahtenden verletzen können.

Es ist praktisch, die Einrichtungsgegenstände in doppelter Ausführung vorrätig zu haben. So können Sie diese beim Reinigen des Geheges einfach austauschen, säubern und richtig trocknen lassen.

Grundausstattung

Mit folgenden Dingen können Sie das Chinchillaheim abwechslungsreich und anregend gestalten, das meiste davon bekommen Sie im Zoofachhandel.

- **Schlafhäuschen** gibt es in reichlicher Auswahl im Zoofachhandel. Achten Sie darauf, dass sie aus unbehandeltem Holz bestehen, z.B. Kiefer oder Fichte. Die Häuschen sollten eine Grundfläche von etwa 25 mal 30 cm besitzen. Jedes Chinchilla braucht sein eigenes Schlafhäuschen.
- **Die Sandbadewanne** ist unverzichtbar. Nagesicher sind Modelle aus Zinkblech, Ton oder Keramik, manchmal tut es aber auch eine Keramikblumenschale.
- **Spezieller Chinchillasand** muss sein, da seine besondere Struktur das empfindliche Haar pflegt. Vogelsand ist keine Alternative, dieser ist zu scharfkantig, führt leicht zu Haarbruch und kann für Chinchillas schädliche Substanzen enthalten.
- **Kleintierstreu** muss aus unbehandelten Holzspänen bestehen und möglichst

Häuschen gibt es in vielen schönen Ausführungen. Bieten Sie mehrere an, vor allem auch im oberen Bereich des Chinchillageheges.

staubarm sein. Wahlweise können Sie auch Hanf-, Raps- oder Leinenstreu verwenden, Buchengranulat staubt besonders wenig.

- Ein Napf für das Grundfutter aus Steingut oder Keramik wird nicht angeknabbert, hat einen stabilen Stand und lässt sich einfach sauber halten.
- Die Heuraufe sollte Platz sparend von außen am Gitter befestigt werden können, dadurch bleibt der Inhalt immer sauber. Wollen Sie nicht auf Innenraufen verzichten, sollten diese unbedingt eine stabile Abdeckung haben. Das dient der Hygiene des Heus und der Sicherheit Ihrer Tiere, die sich dann nicht in den Streben der Heuraufe verfangen können.
- Die Nippeltränke sollte ein Metallrohr besitzen und sich von außen am Gehege befestigen lassen. Dadurch haben die Chinchillas keine „Knabberansätze" und die Handhabung ist sehr einfach. Die Tränke darf nicht tropfen, testen Sie das zur Sicherheit Zuhause. Haltbar und hygienisch sind Trinkflaschen aus Glas.
- Dicke Zweige und Rinde aus Haselnuss, Apfel-, Birn- oder Weidenbäumen können Sie selbst sammeln. Vor dem Einsetzen in das Gehege müssen Sie die Äste mit kochendem Wasser übergießen, gründlich abschrubben und sehr gut trocknen, damit keine Krankheitserreger eingeschleppt werden.
- Unbehandelte Bretter, z. B. aus Fichtenholz als Sitzmöglichkeiten und für zusätzliche Etagen im Gehege gibt es ebenfalls im Zoofachhandel, alternativ im Baumarkt. Dort können Sie die Bretter auf die gewünschte Größe zuschneiden lassen.
- Kork aus dem Aquarienbedarf ist ideal für das Chinchillagehege. Unterschiedlich große Röhren laden zum Verstecken ein, Platten werden zu Etagen.
- Moorkienhölzer aus der Aquaristikabteilung sind tolle Klettermöglichkeiten.
- Leitern bieten gute Aufstiegsmöglichkeiten.
- Tonröhren, z.B. für Weinflaschen, sind haltbar und beliebte Verstecke.

Schritt-für-Schritt zum Abenteuerheim

Eine spannende Einrichtung des Geheges bringt nicht nur Ihren Chinchillas viel Abwechslung, sondern die Planung und Umsetzung macht bestimmt auch Ihnen eine Menge Spaß – lassen Sie Ihrer Kreativität freien Lauf.

Versuchen Sie doch einmal, sich in ein Chinchilla hineinzuversetzen. Wie würde es sich die Einrichtung seines Heims wünschen? Sie können alle Ihre Ideen verwirklichen – vorausgesetzt, sie bergen keine Gefahren.

Ein Vorschlag

Den Gehegeboden ca. 5 cm hoch mit Streu bedecken.

Eine abwechslungsreiche Einrichtung bietet den Chinchillas vielfältige und spannende Beschäftigungsmöglichkeiten. Trockenes Laub wird nicht nur gern beknabbert, sondern bietet auch ein Dufterlebnis.

- Eine Astgabel, die vom Boden bis zum Käfigdach reicht, wird mit der Gabelung nach unten stabil im Gehege verankert.
- Arrangieren Sie die weiteren Zweige mit der Astgabel so, dass sich ein stabiles Gerüst ergibt. Sind die Äste zu dünn oder zu dick, um Sie zwischen den Gittern zu befestigen, können diese mit stabilem Rosendraht befestigt werden. Wichtig: Der Draht darf nur von außen angebracht werden!

1 Etagen aus Holz oder Kork vergrößern die Grundfläche zusätzlich. Weil Chinchillas Höhen nicht gut einschätzen und deswegen leicht hinunterfallen können, muss maximal alle 10 cm eine Zwischenetage eingebaut werden, um tiefen Abstürzen der kletternden Tiere vorzubeugen.

2 Sicherheit muss bei der Konstruktion der Inneneinrichtung an erster Stelle stehen. Prüfen Sie die Stabilität von Zweigen und Etagen, die sichere Befestigung von Röhren und das Holz auf eventuell vorhandene Splitter, damit die Tiere im Gehege unfallfrei toben können.

3 Natursteine werden von vielen Chinchillas gern als Sitzplätze angenommen, gleichzeitig helfen diese, die Krallen etwas abzunutzen. Diese sollten aber immer einzeln und stabil auf dem Boden stehen und nicht auf einer Etage platziert werden, um Unfällen vorzubeugen.

- Mit unbehandelten Brettern, Korkplatten, Moorkienhölzern und Baumrinde arrangieren Sie an den Gittern einen Weg, der sich spiralförmig von unten nach oben windet – das gibt eine tolle Rennbahn für die Tiere.
- Korkröhren dienen als Rückzugsmöglichkeit – in den großen wird gemeinsam gekuschelt und geschlafen, in die kleineren ziehen die Chinchillas sich allein zurück. Platzieren Sie eine Röhre weiter hinten, damit die Tiere sich auch einmal zurückziehen können, ohne beobachtet zu werden.
- Bauen Sie die Schlafhäuschen in die obere Käfighälfte ein. Häuschen und Bretter können mit einer Metallunterlegscheibe und einer Schraube von außen sicher angebracht werden.
- Die Sandbadewanne verschmutzt nicht so schnell, wenn Sie in Höhe der Volierenhälfte am Gitter befestigt wird oder unter einer Etage steht, ebenso die Näpfe.
- Bauen Sie noch einige Querverbindungen ein, beispielsweise mit Leitern und legen Sie eine Tonröhre auf den Boden.
- Eine Treppe, ein Holzklotz oder Hocker an der Tür erleichtert Ein- und Ausstieg.

Freundschaft schließen

Endlich ist der ersehnte Tag gekommen und das fertig eingerichtete Gehege steht bereit für seine Bewohner. Für die Chinchillas ist dies ein aufregender Tag. Sie verlassen ihre vertraute Umgebung und alles wird anders. Gehen Sie behutsam mit den pelzigen Gesellen um, der Umzug ist für sie sehr belastend und stressig.

Der Transport

Ihre große Reise in ein anderes Leben unternehmen Ihre Chinchillas am besten in einer speziellen Kleintier-Transportbox, die später auch für Fahrten zum Tierarzt genutzt werden kann. Gut eignen sich Boxen, deren Größe auch für Katzen geeignet ist und sich von oben öffnen lassen. Achten Sie darauf, dass die Tiere während der Fahrt weder Kälte, Nässe noch Zugluft ausgesetzt sind. Die Transportkiste sollte mit Streu und Heu gemütlich gepolstert sein. Auf alle Fälle gehört ein Sandbad hinein, damit die Tiere Stress abbauen können (Seite 24).

Ein kleines Geschenk erleichtert die Kontaktaufnahme. Getrocknetes Obst nur dann anbieten, wenn die Tiere es bereits gewöhnt sind.

Angekommen

Zuhause sollten Sie die Box offen in das Gehege stellen und den Nagern selbst die Entscheidung überlassen, wann sie die ersten Schritte in ihr neues Reich wagen wollen. Beobachten Sie sie aus einiger Entfernung und achten Sie darauf, dass während dieser Zeit weder laute Geräusche noch hektische Bewegungen die Neuankömmlinge irritieren: Schließlich soll der neue Lebensabschnitt nicht mit einem Schrecken beginnen!

Geduld gewinnt

Chinchillas sind scheue Tiere und Sie müssen geduldig warten, bis sie Ihnen ihr Vertrauen schenken. Stellen Sie sich vor, wie die Tiere sich fühlen müssen: Plötzlich finden sie sich in einer anderen Umgebung mit fremden Menschen wieder, Jungtiere ohne ihre Mutter und die Geschwister. Es ist verständlich, dass Sie sie trösten wollen, doch Sie helfen den Tieren mehr, wenn Sie sie erst einmal in Ruhe lassen. Beweisen Sie ihnen in kleinen Schritten ihre Freundschaft. Chinchillas lassen sich nicht zum Schmusen drängen. Es gibt Tiere, die Streicheleinheiten überhaupt nicht mögen, andere genießen den nahen Kontakt zu ihren Menschen.

SMART

Kleiner Plausch

- **Beruhigende Worte** sorgen für eine angenehme Atmosphäre.
- **Sprechen** Sie Ihre Chinchillas von Anfang an möglichst oft und freundlich mit ihren Namen an, damit Sie diese schnell kennen lernen.

Verrichten Sie nach dem Einzug der Chinchillas nur die notwendigsten Handgriffe am Gehege, bis die Tiere sich eingewöhnt haben.

- **In den ersten Tagen** sollten Sie aus der Distanz mit den Chinchillas leise reden und jede schnelle Bewegung vermeiden.
- **Sobald** sie sich nicht mehr verstecken und neugierig ans Gitter kommen, wenn Sie in der Nähe sind, können Sie sich sachte dem Gehege nähern. Als Freundschaftsgeschenk sollten Sie einen Leckerbissen bereithalten, z. B. eine getrocknete Mariendistel. Bieten Sie ihnen nacheinander die Leckereien durch das Gitter an.
- **Kommen** die Chinchillas schon ans Gitter, wenn sie Sie sehen, können Sie das Leckerli im Gehege anbieten. Wiederholen Sie das so lange, bis die Tiere sich ohne Scheu Ihrer Hand nähern.
- **Öffnen** Sie die Käfigtür und lassen Sie die Chinchillas selbst entscheiden, ob sie sich im neuen Heim umschauen wollen – vorher alle Gefahrenquellen im Zimmer beseitigen (Seite 43). Setzen Sie sich auf den Boden des Zimmers und basteln oder lesen Sie entspannt etwas, das macht die Entdecker neugierig.
- **Mit der Zeit** werden die Tiere immer größere Kreise im Zimmer ziehen und sich auch näher an Sie heranwagen, während Sie auf dem Boden sitzen. Traut sich einer der kleinen Abenteurer zu Ihnen, können Sie ihm seinen täglichen Leckerbissen anbieten (Seite 37). Oft sind die Tiere aber so aufgeregt, dass sie die Leckerei gar nicht annehmen.
- **Bald** siegt die Neugier und die Chinchillas springen auf Ihre Arme oder Ihre Schulter, das ist der Beginn einer langen Freundschaft.

Umgangsregeln im Miteinander

Nachdem Ihre Chinchillas Zutrauen zu Ihnen gefasst haben, können Sie die gemeinsame Zeit so richtig genießen. Damit das geduldig erworbene Vertrauen auch Bestand hat, sollten Sie einige Punkte beachten.

Richtig tragen

Müssen Sie eines Ihrer Chinchillas tragen, sollten Sie es unter dem Bauch fassen und zusätzlich am Rücken festhalten, zutrauliche Tiere bleiben dann ganz still sitzen. Sie dürfen die Tiere aber nie am Schwanz festhalten, der ganze Schwanz könnte abreißen! Auch der Nackengriff eignet sich nicht, um die munteren Südamerikaner hochzunehmen – das Tier hat dabei Schmerzen und lässt viele Haare. Fixieren Sie das Chinchilla beim Tragen immer sanft aber sicher, damit es nicht herunterspringt.

Sehen Sie es als Kompliment, wenn die Chinchillas innigen Kontakt mit Ihnen suchen, zwingen Sie ihnen diesen aber nicht auf.

Chinchilla-Knigge

Ein harmonisches Miteinander ist eine Sache von Respekt und Toleranz.

- **Ankündigen:** Sprechen Sie die Tiere freundlich und leise an, wenn Sie sich dem Gehege nähern, Überraschungen mögen die Chinchillas überhaupt nicht.
- **Schlafenszeit:** Wecken Sie die Tiere nicht auf, sondern gönnen Sie ihnen den wichtigen Schlaf. Häufige Störungen verursachen Stress und können zu Verhaltensstörungen führen.
- **Leisetreter:** Nehmen Sie Rücksicht auf das sensible Gehör der Chinchillas, indem Sie laute Geräusche und hektisches Treiben in der Umgebung des Geheges unbedingt vermeiden.
- **Strenge Düfte:** Darauf reagieren Chinchillas empfindlich. Gehen Sie nie mit stark nach Seife duftenden Händen oder frisch aufgelegtem Parfüm zu ihnen. Auch der Geruch von Rauch oder starken Gewürzen irritiert sie. Wenn Sie vorher ein fremdes Chinchilla angefasst haben, kann das vertraute Tier sauer reagieren.

Chinchillas und Kinder

Wenn Sie ein Tier für Ihre Kinder suchen, sollten Sie daran denken, dass Chinchillas keine Schmusetiere sind. Erst ab einem Alter von etwa 14 Jahren kann ein Kind allein für Chinchillas sorgen. Auch dann sollten Sie sich als Erwachsener immer der Verantwortung für die Tiere bewusst sein und über die Pflege wachen.

‣ Die Haltung von Chinchillas ist trotzdem möglich, auch wenn Sie kleine Kinder haben. Sie müssen Ihren Kindern erklären, dass die Tiere tagsüber schlafen und nicht gestört werden dürfen. Nun können Sie aber einem Kind das Spielen nicht verbieten, deswegen müssen Sie einen Kompromiss für den Standort des Geheges finden, wo die Tiere nicht von der Familie ausgeschlossen sind und trotzdem in Ruhe ihr Nickerchen halten können. Das Kind muss auch lernen, dass es den Chinchillas kein Futter ohne Ihr Beisein geben darf, die Tiere haben einen sehr empfindlichen Verdauungstrakt.

‣ Gemeinsam: Ist Ihr Kind schon so alt, dass es abends noch die Spielstunde der Chinchillas miterlebt, kann es viel Spaß am Beobachten der Tiere haben – in Ihrem Beisein darf es sie auch vorsichtig streicheln und auf den Schoß nehmen. Ihr Nachwuchs bekommt so eine tolle Chance, Toleranz und Respekt zu lernen. Je älter das Kind wird, desto mehr kann es von der Pflege der Tiere übernehmen. Anders als zu Nagern, wie zum Beispiel Rennmäusen oder Ratten, die nur etwa zwei Jahre alt werden, kann Ihr Kind zu den Chinchillas eine lange Bindung aufbauen und immer, wenn es als Erwachsener an seine Kinderheit und Jugend zurückdenkt, werden die Chinchillas in der Erinnerung eng mit der schönen Zeit im Elternhaus verbunden sein.

Fixieren Sie beim Tragen vorsichtig den Schwanzansatz und stützen Sie die Brust des Chinchillas, niemals direkt am Schwanz anfassen!

SMART

Lebensbegleiter

- **Die Eigenständigkeit** der Chinchillas lehrt Kinder, den Willen der Tiere zu respektieren.
- **Ihre lange Lebenserwartung** macht die Tiere zu Weggefährten von der Kindheit bis zum Erwachsenenalter.

Chinchillas verstehen

In Gruppen lebende Tiere brauchen eine ausgefeilte innerartliche Kommunikation, um ihren Alltag zu organisieren. Wenn Sie verstehen, was das Verhalten Ihrer Chinchillas bedeutet und richtig darauf reagieren, wird das Zusammenleben viel harmonischer. Sie können viel lernen, wenn Sie Ihre pelzigen Hausgenossen ausgiebig beobachten und das Verhalten der Tiere untereinander studieren. Dann erkennen Sie auch ganz schnell, welche Vorlieben jedes der Tiere hat und vor welchen Dingen es sich vielleicht fürchtet.

Körpersprache

Neben der Kommunikation über Körperdüfte spielt die Körpersprache eine wichtige Rolle bei Chinchillas.

- Sichern: Sitzt ein Chinchilla auf den Hinterbeinen und dreht seine Ohren wie ein Radar herum, hat es ein Geräusch gehört, das es aufmerksam werden lässt.
- Unauffällig: Haben Chinchillas Angst, machen sie sich ganz klein und verstecken sich in einem Winkel oder einer Röhre. Bieten Sie deswegen immer genug Rückzugsmöglichkeiten an.
- Spiel mit mir: Ist einem Chinchilla langweilig, sitzt es relaxed auf den Hinterbeinen und wartet auf Anregung – bieten Sie etwas.
- Aufgeregt: Besonders die Böckchen wedeln eifrig mit dem Schwänzchen, wenn sie aufgeregt sind.

Lautsprache

So still, wie es oft scheint, sind Chinchillas gar nicht.

- Kleiner Plausch Eine nette Unterhaltung stärkt den Gemeinschaftssinn, Chinchillas plauschen fiepend.
- Meckerfritze: Will ein Chinchilla Aufmerksamkeit, einen Leckerbissen oder passt ihm etwas nicht, gibt es einen kurzen „hustenden“ Meckerton von sich.
- Unmut: Ein hoher schriller Schrei bedeutet Alarmstufe

Chinchillas besitzen vielfältige Ausdrucksmöglichkeiten, die Sie bald kennen lernen werden.

rot. Die Tiere dann durch sanfte Worte beruhigen.

- **Wohlbehagen:** Ein besonders entspanntes Chinchilla gibt ganz leise, knirschende Laute von sich.
- **Hau ab!** Fühlt sich ein Chinchilla gestört, klappert, knirscht oder knatscht es mit den Zähnen.

Sind Chinchillas erziehbar?

Viele Chinchillahalter vergleichen ihre Hausgenossen mit Katzen: Sie haben ihren eigenen Kopf und lassen sich nur streicheln, wann es ihnen gefällt. Doch in Punkto Erziehung sind Chinchillas noch etwas schwieriger. Sie lassen sich auf keinen Fall dressieren und werden keine Kunststückchen auf Kommando vorführen. Trotzdem sollten Sie den Tieren nicht alles durchgehen lassen – zu ihrem eigenen Schutz. Mit Zwang ist aber nichts zu erreichen, vielmehr können Lob und Leckerbissen manchmal Wunder wirken – vorausgesetzt, die Tiere haben Vertrauen zu ihren Menschen.

- **Nagt** ein Chinchilla z.B. an einem Möbelstück, sollten Sie sehr bestimmt „Nein" sagen, es hochnehmen und an einem anderen Platz setzen. Dort können Sie ihm dann einen Zweig oder einen Leckerbissen zur Ablenkung anbieten. Mit etwas Glück und Geduld wird es mit der Zeit verstehen, was ein „Nein" bedeutet.
- **Die schlauen Chinchillas** erkennen aber ganz schnell, wie sie Aufmerksamkeit und einen extra Happen ergattern können. Deswegen kann diese „Ablenkungsmethode" bei einigen besonders gewieften Kerlchen aber auch dazu führen, dass sie Unsinn anstellen, um Ihre Zuwendung und einen Leckerbissen zu bekommen.
- **Die Aufforderung** zur Rückkehr in den Käfig sollten Sie immer mit dem gleichen Wort verbinden und im Gehege eine Belohnung geben. Viele Chinchillas lernen mit der Zeit, dass dies das Signal zum Aufbruch ist.
- **Kommando:** Sie können auch versuchen, den Tieren beizubringen, auf ein bestimmtes Wort zu Ihnen zu kommen. Gelingt es, ist ein dickes Lob fällig.

Neugier ist typisch für die meisten Chinchillas. Damit den Abenteurern bei ihren Unternehmungen nichts passiert, müssen Sie gut aufpassen.

Chinchillas vergesellschaften

Fremde Chinchillas sollten niemals direkt zusammen in das Gehege gesetzt werden, das kann zu ernsthaften Streitereien mit schlimmen Verletzungen führen. Grundsätzlich gilt: Je jünger die Tiere sind und je geringer der Altersunterschied ist, desto einfacher wird die Vergesellschaftung. Haben Sie ein Tier und möchten ihm einen Partner geben, bieten der Züchter oder die Mitarbeiter des Tierschutzes Ihnen vielleicht an, bei der Auswahl zu helfen – dieses Angebot sollten Sie nutzen.

Schritt-für-Schritt zum guten Team

Nehmen Sie Ihr Chinchilla möglichst mit, wenn Sie seinen neuen Partner aussuchen. Setzen Sie beide Tiere in ein kleine Box und beobachten Sie sie ganz genau.

Mit einem Partner lässt es sich gemütlich im Schlafhäuschen kuscheln. Mutter und Tochter verstehen sich in der Regel auf Dauer gut, auch Geschwister vertragen sich meist prima miteinander.

Die Vergesellschaftung eines Chinchillas mit einem neuen Partner kann aufwändig sein, die Mühe wird sich aber bestimmt lohnen.

▸ Streit: Kommen die beiden Tiere sich direkt in die Wolle, müssen Sie sie sofort trennen und mit einem anderen Chinchilla einen neuen Versuch starten. Zeigen beide aber Sympathie füreinander, ist der erste große Schritt schon gemacht.

▸ Separée: Beide Tiere werden im neuen Zuhause in getrennten Käfigen untergebracht. Das dauert je nach Chinchilla mehrere Wochen, wobei der Abstand der Käfige zueinander immer weiter verringert wird, bis sie dicht nebeneinander stehen – der Auslauf wird aber noch getrennt gewährt, damit es erst gar nicht zu verfänglichen Situartionen kommt.

▸ Tauschgeschäft: Zusätzlich können Sie täglich die Sandbäder der Chinchillas tauschen. Vor dem Tausch muss der Sand aber gesiebt und von groben Verschmutzungen gereinigt werden. Setzen Sie die Tiere nach der Käfigreinigung auch immer Mal wieder in das andere Gehege. Beides hilft, dass sich die Tiere mit dem Geruch des Artgenossen vertraut machen.

▸ Kontaktaufnahme: Beschnuppern sich die Tiere neugierig durch die Gitter und zeigt sich auch nach einer Woche noch keinerlei Aggressivität, kann den Chinchillas gemeinsamer Freilauf gegeben werden.

▸ Gut aufpassen: Bei ernsthaften Auseinandersetzungen müssen Sie die Tiere trennen, am besten mit einem Stück Pappe. Gehen Sie nicht mit den bloßen Händen dazwischen!

▸ Freunde: Wenn sie viel zusammen unternehmen und kuscheln, können sie einen gemeinsamen Käfig beziehen. Reinigen Sie diesen vorher gründlich, wechseln Sie die Einrichtung aus und gestalten Sie diese neu, damit es sich um einen Neuanfang handelt und der bisherige Bewohner sein Revier nicht verteidigen muss.

▸ Umschauen: Das neue Chinchilla sollte sich einige Stunden allein im gemeinsamen Heim aufhalten, bevor sein Artgenosse schließlich dazu kommt. Beaufsichtigen Sie die Tiere im Gehege anfangs so oft es geht.

SMART

Es muss passen!

- **Nicht immer** gelingt die Vergesellschaftung von Chinchillas – auch bei ihnen gibt es Sympathie und Antipathie.
- **Dann bleiben** nur die getrennte Haltung der Tiere und jeweils ein neuer Partner.

Gesund ernährt

Chinchillas sind durch ihre ursprüngliche Lebensweise an karge Nahrung gewöhnt. Üppige Kost bringt die Verdauung der Nager, die ganz auf rohfaserreiches Futter eingestellt ist, durcheinander und kann zu schweren Erkrankungen führen. Es liegt an Ihnen, dafür zu sorgen, dass die richtige Nahrung auf dem Speisezettel Ihrer Hausgenossen steht. Die nachfolgend beschriebene Fütterung hat sich für Chinchillas bewährt.

Grundnahrung

Das Grundfutter für Chinchillas sollte sich aus speziellen Pellets und einer Kräutermischung zusammensetzen. Geeignete Kräuter sind z. B. Brennnessel (kleine Menge), Hagebutten, Gänseblümchen, Kamille, Lindenblüten, Löwenzahn, Luzerne, Pfefferminze (in kleiner Menge), Ringelblume, Rosenblüten, Salbei (in geringer Menge), Sanddorn, Schafgarbe (in geringer Menge), Weißdorn. Die Pellets müssen sehr hart sein, damit sich die Zähne beim Fressen abnutzen. Mischen Sie sie mit den Kräutern zu gleichen Teilen und geben Sie jedem Tier abends eine knappe Handvoll davon. Da jedes Tier einen individuellen Stoffwechsel hat und die verschiedenen Futtersorten einen unterschiedlichen Energiegehalt, müssen Sie eventuell etwas reduzieren, wenn Ihr Chinchilla an Gewicht zunimmt (Seite 48).

▸ **Gutes Heu** gehört ebenfalls zur Grundnahrung und ist wichtig, damit die Chinchillas gesund bleiben. Verwenden Sie nur Kräuter-, Wiesen- oder Bergwiesenheu aus dem Zoofachhandel. Das Heu muss gut abgelagert sein! Frisches, grünes Heu kann zu Erkrankungen führen. Schnuppern Sie am Heu bevor Sie es anbieten, es darf nicht muffig riechen. Geben Sie reichlich gutes Heu, pro Chinchilla über den Tag und Abend verteilt dürfen es gerne etwa zwei Handvoll sein. Das Heu dient der Beschäftigung und Abnutzung der Zähne.

Futter-Tipps

Fragen Sie den Vorbesitzer, welche Pellets die Chinchillas bisher bekommen haben und stellen Sie das Futter möglichst nicht um.

Ist eine Futterumstellung notwendig, muss dies langsam und in kleinen Schritten geschehen, sonst drohen schwere Erkrankungen – sogar mit Todesfolge.

Sorgen Sie immer dafür, dass Sie einen ausreichenden Futtervorrat im Haus haben, kontrollieren Sie aber regelmäßig das Haltbarkeitsdatum. Weichen Sie niemals auf Kaninchen- oder Meerschweinchenfutter aus, das ist für Chinchillas nicht geeignet.

Für Chinchillas ungeeignet sind Erdnüsse, Bittermandeln, Kohl, Klee, Süßigkeiten, Chips und Essensreste.

Leckerbissen

Kleine Mengen sind angesagt, wenn es ums Verwöhnen geht. Gut eignen sich getrocknete und ungeschwefelte Apfel- und Möhrenscheiben. Haselnüsse sind sehr beliebt, sollten aber nicht gegeben werden, weil die Tiere dann weniger von ihrem Grundfutter fressen. Ganz verrückt sind die Nager nach getrockneten Mariendisteln, davon darf es eine Ganze am Tag sein. Ihre Verdauung ist nicht auf frisches Grünfutter ausgelegt: Ein- bis zweimal in der Woche können Sie pro Tier ein etwa vier Zentimeter großes Löwenzahnblatt, eine Hibiskusblüte oder Gänseblümchen geben. Sie müssen sie mit fingernagelgroßen Stücken daran gewöhnen. Drops, Snacks und Knabberstangen für Nager sind meistens zu fett, enthalten Zucker und sind nicht für Ihre Tiere geeignet. Im Zoofachhandel werden aber Blütenmischungen für Chinchillas angeboten.

Verwöhnen Sie Ihre Chinchillas nicht mit üppigen Leckerbissen. Beweisen Sie Ihre Freundschaft lieber mit einem großen Gehege.

SMART

Knabbern macht Sinn

- **Die Zähne** der Chinchillas wachsen ständig nach. Um diese kurz zu halten brauchen Sie reichlich Knabbermaterial.
- **Zweige** von Birn- und Apfelbaum, Weide, Pappel oder Nussbaum sind genau richtig.
- **Sie sorgen** nicht nur für Beschäftigung, sondern liefern den Tieren auch wichtige Mineralien.
- **Nicht geeignet** sind Zweige von Steinobst, wie Kirsch- und Pflaumenbaum, Holunder, Eiche sowie hartes Brot.

Zusatzkost und Trinkwasser

Bei ausgewogener Ernährung brauchen gesunde Chinchillas keine zusätzlichen Vitaminpräparate, denn sie werden mit allem versorgt, was sie brauchen – vielmehr droht dann eine Überversorgung. Zusatzmittel sollten nur nach Absprache mit dem Tierarzt gegeben werden. Wasser muss täglich frisch angeboten werden. Wenn ein Tier sich lange an der Tränke zu schaffen macht, ist sie vielleicht verstopft. Trinkt ein Chinchilla viel, kann das aber auch ein Krankheitsanzeichen sein.

Lustige Futterspiele

Chinchillas sind ständig auf der Suche nach einem guten und schmackhaften Happen. Mit Futter und Leckereien können Sie die neugierigen Naseweise prima beschäftigen und so für artgerechte Abwechslung sorgen.

Tiere, die in freier Natur leben, bekommen ihr Futter nicht bequem und passend portioniert im Napf serviert, sondern sind täglich viele Stunden mit der Suche nach Futter beschäftigt. Auch Ihre Chinchillas sollten sich zumindest einen Teil ihrer Mahlzeiten erarbeiten, erst dadurch werden sie richtig ausgelastet.

1 **Angelkurs** ◂ Besorgen Sie sich aus dem Zoofachhandel oder Spielwarenladen einen Holzklotz mit Löchern. Alternativ können Sie auch einen Ytong-Stein selbst bearbeiten oder aus Ton eine „Lochkugel“ formen. In die Öffnungen stecken Sie etwas Futter, die Chinchillas müssen es dann herausfischen, was die kleinen Kerlchen ganz schön auf Trab hält. Ist ihnen ein dicker Fang gelungen, freuen sie sich über ein herzliches Lob von Ihnen. Dabei können Sie vielleicht auch testen, für welche Leckerbissen Ihre Chinchillas sich am meisten anstrengen und welche ihnen nicht die Mühe wert sind. Wenn Sie ihre Lieblingshappen kennen, kann Ihnen das manchmal auch bei anderen Situationen nützlich sein, z. B. um die Tiere nach dem Freilauf zurück in das Gehege zu locken.

2

Suchaktion ◂ Sie müssen das Futter nicht immer im Napf anbieten, sondern können es langsam in einem immer größeren Radius um den Napf verstreuen. Verstecken Sie Futter, Kräuter oder Leckerchen (Seite 36) in einer Kork- oder Tonröhre und „verstopfen" Sie die Öffnungen mit Heu. Auch eine Kletterburg aus unbedruckten Kartons kann eine spannende Spielwiese sein. Bauen Sie die Kartons zu einer Treppe auf, stellen Sie sie in- und aufeinander und schneiden Sie viele Löcher zum Hineinklettern hinein. Füllen Sie einige Kartons mit Heu und verstecken Sie Leckerchen darin. Ihre Chinchillas werden eine Weile beschäftigt sein, die Happen zu ergattern.

Teamwork ▸ Chinchillas sind intelligente Tiere. Dressieren kann man sie zwar nicht – was auch kein Chinchillahalter will – doch mit der richtigen Motivation zeigen die pelzigen Südamerikaner gern, welche Fähigkeiten in ihnen stecken. So können Sie beispielsweise während des tägliches Freilaufs mit unbehandelten Holzklötzen oder stabilen Steinen einen kleinen Parcours auf dem Fußboden aufbauen. Mit einem Leckerchen können Sie die Tiere nacheinander über die Hindernisse locken. Gehen Sie dabei Schritt für Schritt vor, haben Sie Geduld und loben und belohnen Sie bereits bei kleinen Erfolgen. Seien Sie aber nicht enttäuscht, wenn ein Tier kein Interesse daran hat.

3

Spaß hält fit

Zu zweit gehaltene Chinchillas beschäftigen sich viel miteinander, was sich positiv auf ihr Wohlbefinden auswirkt. Zusätzlich sorgen ein interessant eingerichtetes Gehege und der tägliche Freilauf im Zimmer oder in der Wohnung (Seite 42) für körperliche und geistige Anregung. Trotzdem können Sie Abwechslung in den Alltag der Tiere bringen. Schon kleine Dinge reichen aus, um die neugierigen Gesellen aus der Reserve zu locken.

Beschäftigung

Verändern Sie wöchentlich eine Kleinigkeit an der Einrichtung des Chinchillaheims – das Schlafhaus sollte aber immer an seinem Platz bleiben. Voller Neugier werden die Tiere die umgestaltete Inneneinrichtung erkunden und ausgiebig beschnuppern. Dafür ist es sinnvoll, immer einen Vorrat an verschiedenen Einrichtungsgegenständen in Petto zu haben.

- Spielsachen: Bringen Sie Spielzeug im Käfig an wie ein Auto aus unbehandeltem Holz, dessen Räder sich drehen lassen. Voller Eifer werden die meisten Tiere sich damit beschäftigen.
- Architekt: Bauen Sie während des Freilaufs im Zimmer auf dem Boden stabile Mauern mit unbehandelten Holzklötzchen. Interessiert werden die Chinchillas Sie dabei beobachten und auf den Klötzchen klettern.
- Schnuppertest: Bieten Sie genügend Nagematerial aus Naturzweigen (Tipp Seite 37) an, dadurch werden nicht nur die Zähne kurz gehalten. Die Chinchillas werden auch neugierig an den Zweigen schnuppern.
- Kletterbaum: Eine Kletterburg auf dicken Ästen, mit Sitzbrettern, Leitern und Korkhöhlen wird im Freilaufzimmer schnell zum Lieblingsplatz der aufgeweckten Tierchen. Stellen Sie dazu einen Weihnachtsbaumständer in einen großen Topf und befestigen

Viele Chinchillas lieben es, beim täglichen Freilauf mit einem Plüschfreund zu kuscheln.

Sie darin einen maximal ein Meter langen dicken Ast. Der Topf wird anschließend mit dicken Kieselsteinen aufgefüllt, das gibt Stabilität. An dem Ast können Sie nun Sitzbretter, Leitern und Korkröhren anbringen.

▸ Kuscheltier: Einige Chinchillas spielen gerne mit Stofftieren. Gut eignen sich dafür weiche Stofftiere für Hunde, die im Zoofachhandel angeboten werden. Achten Sie aber unbedingt darauf, dass die Chinchillas es nicht anknabbern.

▸ Studienobjekte: Stellen Sie zum Untersuchen alle paar Tage beim Freilauf einen neuen Gegenstand auf den Boden des Zimmers. Das kann ein unbehandeltes Weidenkörbchen sein, ein Stück Holz, eine Röhre oder ein Töpfchen mit Kräutern.

Mit der richtigen Motivation können Sie Ihre cleveren Mitbewohner zu Höchsleistungen anregen und sie abwechslungsreich beschäftigen.

SMART

Zur rechten Zeit

- **Wecken** Sie Ihre Chinchillas nicht auf, um mit ihnen zu spielen.
- **Warten** Sie ab, bis Ihre kleinen Kerlchen abends wach sind, sich ausgiebig geputzt haben und ihnen zeigen, dass sie nun in Spiellaune sind.

▸ Forscherdrang: Arrangieren Sie auf dem Boden des Freilaufzimmers verschieden große Kork- und Tonröhren zu einem abwechslungsreichen Labyrinth mit vielen Ein- und Ausgängen. Das verleitet Ihre munteren Mitbewohner vielleicht zu aufregenden Entdeckungstouren und spannenden Verfolgungsjagden.

Beobachten

Nutzen Sie die Gelegenheit, wenn Sie Ihre Chinchillas abends beim Flitzen und Toben beobachten, um sie noch besser kennen zu lernen. Gerade beim Spiel zeigen sich deren unterschiedliche Persönlichkeiten, Vorlieben und Talente oft besonders deutlich.

Chinchillas on tour

Der erste Freilauf ist für alle Beteiligten ein aufregendes Erlebnis. Die Welt der Tiere wird um ein Vielfaches größer und der Mensch ist gespannt, was seine Racker alles anstellen werden.

Sicherer Freilauf

Der erste Freilauf sollte in einem nicht zu großen Zimmer stattfinden. So haben die Tiere Gelegenheit, ihre neue Umgebung Schritt für Schritt zu erkunden. Sie sollten sich währenddessen auf den Boden setzen und die Tiere immer wieder ruhig mit den gleichen Worten ansprechen. Fernseher, Stereoanlage und Telefon sollten ausgeschaltet bleiben und auch andere Störungen werden vermieden.

- Zeitlimit: Für die ersten Ausflüge ist eine halbe Stunde genug, sonst besteht für die Tiere die Gefahr einer Reizüberflutung.
- Rückkehr: Der Auslauf sollte vor der üblichen Abendfütterung stattfinden – die vollen Näpfe und das Rascheln mit der Futterdose animieren die Ausflügler, in das Gehege zurückzukehren. Reicht das nicht aus, sollten Sie die Chinchillas nacheinander mit besonders begehrten Leckerbissen zum Käfig locken. Verbinden Sie das Locken immer mit den gleichen Worten, z. B. "Komm heim". Sie müssen Geduld haben, es ist verständlich, dass die kleinen Racker die neu gewonnene Freiheit so lange wie möglich auskosten wollen. Kehren sie dann in das Gehege zurück, gibt es den Leckerbissen als Belohnung, zudem wird ausgiebig gelobt.
- Einfangen: Muss ein Tier doch einmal eingefangen werden, dürfen Sie es niemals mit der Hand, einem Handtuch oder Ähnlichem jagen. Vielmehr können Sie es vorsichtig mit einem Stück Pappe in Richtung des Käfigs lenken. Wichtig: Dabei das Tier aber nicht bedrängen oder anstoßen!
- Ausgiebig: Bewegen die Chinchillas sich sicher im Zimmer und kehren gern in ihr Gehege zurück, können

Freilauf ist wichtig für Chinchillas, sollte anfangs aber unbedingt zeitlich begrenzt werden.

Achten Sie beim Freilauf immer darauf, dass alle Gefahrenquellen beseitigt werden. Besonders Stromkabel dürfen nicht angenagt werden können: Defekte Leitungen sind für Mensch und Tier gefährlich!

Sie die Freilaufzeit langsam ausdehnen und die Türen zu angrenzenden Zimmern öffnen. Geben Sie Leckerbissen (bitte nur in Maßen, Seite 37) und loben Sie viel während des Freilaufs, damit die Chinchillas mit Freude zu Ihnen kommen.

▸ Vorsicht: Besonders nervöse Chinchillas sollten den täglichen Auslauf in der Wohnung immer nur wohl dosiert erhalten. Die vielen Eindrücke können sie überfordern und einige Tiere reagieren sogar mit Krämpfen (Seite 53) auf die ungewohnte Freiheit.

Gefahren!

Entfernen Sie alle für Chinchillas gefährlichen Gegenstände aus dem Freilaufzimmer oder sichern Sie diese durch eine Abdeckung oder Verkleidung. Gefährlich sind z.B. Stromkabel, Bleistifte, Reinigungsmittel, Medikamente, Zigaretten, Lacke sowie Gardinen, Plastikverpackungen, Pflanzen (auch der Verzehr nicht giftiger Pflanzen schadet den Tieren) und brennende Kerzen, heiße Toaster, Bügeleisen und Herdplatten. Gefahrenquellen sind auch Wassergefäße, offene Aquarien und Toiletten, Spalten, Schubladen, Türen, Fenster und mit Lacken behandelte Möbel.

SMART

Aufpassen!

- **Andere Haustiere** sollten beim Freilauf der Chinchillas in einem anderen Raum untergebracht werden (Seite 13).
- **Achten** Sie auch darauf, dass Sie sich nicht versehentlich auf die Tiere treten oder setzen.

Liebevoll umsorgt

Zimmerservice

Chinchillas sind reinliche Tiere und solange sie gesund sind, kümmern sie sich selbst um ihre Körperpflege, indem sie sich ausgiebig putzen. Das einzige Hilfsmittel, dass sie dafür brauchen, ist das Sandbad. Ihr Job ist es, dafür zu sorgen, dass das Gehege immer schön sauber ist. Übertreiben müssen Sie es mit der Hygiene nicht, doch Sauberkeit im Chinchillaheim ist die Basis, damit Ihre Tiere fit und munter bleiben.

Richtig reinigen

Verzichten Sie bei der Reinigung der Unterkunft auf scharfe Reinigungsmittel, diese stören die empfindlichen Näschen der Tiere sehr und können im schlimmsten Fall sogar zu Atemwegserkrankungen führen. Heißes Wasser reicht in der Regel vollkommen aus. Starke Verschmutzungen können Sie mit Essigreiniger zu Leibe rücken, danach muss gut mit klarem Wasser nachgespült werden. Die Desinfektion des Geheges ist nur in Ausnahmefällen, z. B. bei einer Erkrankung oder Parasitenbefall notwendig – und dann auch nur, wenn der Tierarzt dies angeordnet hat. Nach der Reinigung des Geheges und der Inneneinrichtung müssen alle Gegenstände unbedingt gut trocknen, denn feuchte Einstreu und Ausstattungsgegenstände geben einen idealen Nährboden für Krankheitserreger ab. Neben der täglichen Pflege stehen auch folgende Arbeiten auf dem Programm:

- **Alle drei bis fünf Tage** sollten Sie je nach Verschmutzungsgrad die Naturäste, Etagen, Häuschen und Korkröhren mit heißen Wasser und einer Bürste gründlich abschrubben.
- **Einmal wöchentlich** sollten Sie die gesamte Käfigeinrichtung und das Gehege mit heißem Wasser säubern. Dann wird auch die Sandbadewanne gereinigt und der Sand erneuert.
- **Alle vier bis sechs Wochen** werden dann je nach Verschmutzung die Naturäste und der Kork ausgetauscht.

Tägliche Chinchillapflege

Beobachten Sie Ihre Chinchillas, um sicherzugehen, dass sie gesund und munter sind (Seite 50).
Reinigen Sie die Futternäpfe und die Trinkflasche, geben Sie frisches Wasser und füttern Sie morgens eien Kleinigkeit und abends die Hauptmahlzeit.
Wischen Sie groben Schmutz von Schlafhäuschen, Brettern und Ästen ab und tauschen Sie eventuell verschmutztes Heu gegen frisches aus.
Prüfen Sie, ob an einigen Stellen die Einstreu feucht ist und wechseln Sie dort gegen neue aus.
Sieben Sie den Badesand durch, um ihn von groben Verschmutzungen zu befreien.

Eine Badegelegenheit mit speziellem Chinchillasand muss ständig zur Verfügung sein – größer darf die „Badewanne" aber sein.

Urlaubspflege

Chinchillas fühlen sich in ihrer gewohnten Umgebung am wohlsten, ein anderes Umfeld und Auto- oder Zugfahrten sind sehr belastend, deswegen sollten sie im Urlaub zu Hause bleiben.

- **Kümmern** Sie sich schon frühzeitig um einen zuverlässigen Tiersitter.
- **Geben** Sie dem Urlaubspfleger eine genaue Fütterungs- und Pflegeanleitung. Für Notfälle braucht er Ihre Urlaubsadresse und Telefonnummer des Tierarztes.
- **Sorgen** Sie für einen ausreichend großen Vorrat an Futter und Ausstattungsteilen für das Gehege.
- **Kennt** die Urlaubsvertretung die Chinchillas bereits gut, ist auch weiterhin Freilauf im Zimmer erlaubt.
- **Wohnt** der Tiersitter zu weit weg, um täglich in Ihre Wohnung zu kommen, müssen die Chinchillas samt Gehege für die Dauer Ihrer Abwesenheit umziehen. Das ist für sie ein stressiges Erlebnis, das bei sehr sensiblen Tieren sogar zu schweren Erkrankungen führen kann. Auch der Auslauf muss so lange ausbleiben, bis die Tiere sich dort eingelebt haben. Sie sollten sich gut überlegen, ob Sie Ihren Tieren dies zumuten wollen.

SMART

Angenehme Duftnote

- **Chinchillas** haben kaum einen Eigengeruch.
- **Verzichten** Sie auf parfümierte Einstreu, die schadet den Atemwegen. Katzenstreu kann zu Erkrankungen führen, wenn die Tiere sie aufnehmen.

Vorsorge

Einmal in der Woche sollten Sie ihre pelzigen Mitbewohner einem gründlichen Gesundheitscheck unterziehen – am besten immer am gleichen Wochentag. Gewöhnen Sie bereits junge Tiere daran, damit Sie diese Prozedur stressfrei über sich ergehen lassen. Ältere Tiere können Sie vielleicht mit einem besonderen Leckerchen zur Kooperation überreden.

Chinchillas auf dem Prüfstand

Sie sollten keinen Zeitdruck haben, wenn Sie ihre Chinchillas untersuchen, die Hektik würde sich auf das Tier übertragen.

▸ **Wiegen:** Notieren Sie sich wöchentlich das Gewicht Ihrer Chinchillas, dadurch können Sie schnell erkennen, ob ein Tier stark zu- oder abnimmt. Schwankungen von 30 g pro Woche sind jedoch im Normbereich. Gut eignen sich dafür Küchenwaagen mit einem hohen Einsatz. Ist ein Tier sehr unruhig, sollte Ihnen jemand dabei helfen, damit es nicht herausspringen kann und sich verletzt.

▸ **Schöner Pelz:** Das Fell ist ein wichtiger Anhaltspunkt, um das Befinden eines Chinchillas einzuschätzen. Ein gesundes Tier hat ein dichtes, glänzendes und gepflegtes Fell. Vernachlässigt es diese Körperpflege, ist das immer ein bedenkliches Anzeichen. Bei älteren Chinchillas sieht das Haarkleid vielleicht stumpf oder strubbelig aus. Das kann eine normale Alterserscheinung sein, aber auch auf Krankheiten hinweisen – egal, wie alt ein Tier ist, es sollte dann vom Tierarzt untersucht werden, um eine Erkrankung als Ursache auszuschließen. Auch kahle Stellen, Krusten oder Rötungen sind immer bedenklich, können auf Erkrankungen, z. B. einen Pilzbefall oder falsche Haltungsbedingungen hinweisen.

Schauen Sie sich Ihre Tiere täglich genau an. Jede Auffälligkeit, sei es im Aussehen oder Verhalten, kann auch eine Erkrankung hinweisen.

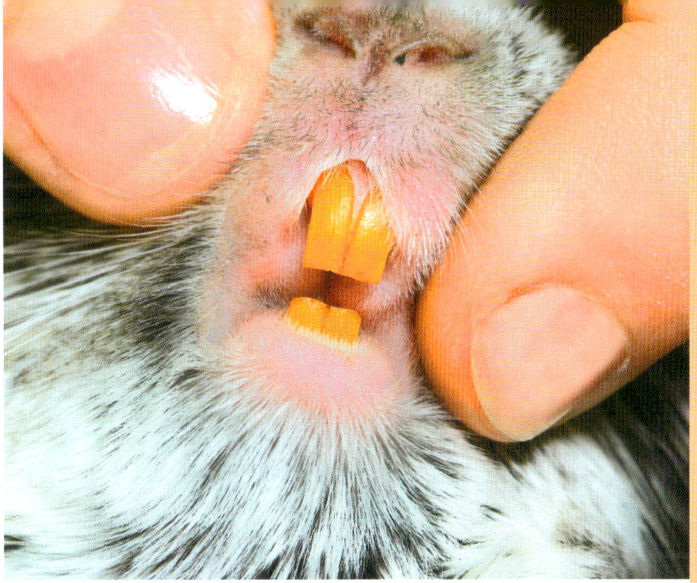

Die Zähne sind ein wichtiger Hinweis auf die Gesundheit der Tiere: Sie müssen orange sein! Weiße Zähne sind Folge von Mangelzuständen.

▸ **Zähnecheck:** Schauen Sie sich die Zähne möglichst genau an. Sind sie abgenagt? Steht keiner deutlich über oder ist abgebrochen? Ist kein Speichel um das Mäulchen zu entdecken? Sind keine braunen Beläge zu erkennen? Dabei kann es sich um Karies handeln, was durch die Fütterung von zuckerhaltigen Leckerchen verursacht wird. Weiß dürfen die kräftigen Beißerchen allerdings nicht sein: Orangegefärbte Zähne sind das Schönheitsideal und vielmehr ein Hinweis darauf, dass das Chinchilla gut ernährt ist. Denn weiße und dann oft auch spröde Zähne deuten auf Mangelerscheinungen hin, besonders Vitamin B fehlt dann, was zu gefährlichen Krämpfen führen kann (Seite 53).

SMART

Im Separée

- **Neue Chinchillas** sollten zwei Wochen bis zur Vergesellschaftung in Quarantäne bleiben.
- **Das vermindert** eine Ansteckung bei unerkannten Krankheiten. Nutzen Sie die Zeit, um sich anzufreunden.

▸ **Verhalten:** Spielen und kuscheln die Chinchillas mit ihrem Partner, sind sie neugierig und zeigen Interesse an Ihrer Umgebung? Das ist immer ein gutes Zeichen für ihr Wohlbefinden. Fellbeißen und Stereotypien sind jedoch ernst zu nehmende Verhaltensstörungen (Seite 51). Verhält sich ein Chinchilla plötzlich aggressiv und will beißen, z.B. wenn Sie sich dem Käfig nähern, es anfassen oder an bestimmten Körperstellen berühren, kann es sein, dass es große Schmerzen und deswegen Angst. Das sollten Sie dann unbedingt vom Tierarzt abklären lassen! Dieses untypische Verhalten kann jedoch auch durch einen „falschen" Partner verursacht werden.

▸ **Gesamtzustand:** Werfen Sie auch einen Blick auf die Augen und das Näschen sowie in die Ohren. Sind Sie sauber, ohne Verschmutzungen, Ausfluss oder Krusten? Ist der After sauber? Zur Kontrolle des Allgemeinbefindens sollten Sie sich an den möglichen Krankheitsanzeichen orientieren, die auf der folgenden Seite notiert sind. Ist keines dieser Symptome erkennbar, geht es Ihren Chinchillas gut. Natürlich sollten Sie sie nicht nur einmal in der Woche genauer anschauen, sondern auch den täglichen Freilauf nutzen, um einen Eindruck von Befinden der Tiere zu bekommen – schon leichte Verhaltensänderungen können erste Krankheitsanzeichen sein. ●

Schnelle Hilfe

Je besser Sie Ihre Hausgenossen kennen, desto schneller werden Sie Veränderungen im Verhalten oder im Aussehen feststellen. Chinchillas sind als typische Fluchttiere Meister im Verbergen von Krankheitsanzeichen: Wenn deutliche Signale einer Erkrankung erkennbar sind, ist diese meist schon weit fortgeschritten – dann zählt jede Minute! Deshalb sollten Sie sich schon frühzeitig um einen Tierarzt bemühen, der mit den Besonderheiten von Chinchillas vertraut ist.

Krankheitsanzeichen

Wenn Sie diese Anzeichen bei Ihrem Tier feststellen, müssen Sie sich unbedingt mit dem Tierarzt beraten:

- Der Kot sieht anders aus als sonst. Normaler Kot sollte oval und trocken sein. Schmiert oder klebt der Kot, hat das Tier Durchfall, ist er kleiner und härter als üblich, liegt Verstopfung vor.
- Das Tier frisst nicht mehr.
- Plötzliche Gewichtsabnahme (Seite 48).
- Schiefhalten des Kopfes beim Fressen.
- Das Tier fällt um.
- Speicheln (Backen und Pfoten sind dann nass).
- Probleme bei der Aufnahme des Futters.
- Schief wachsende Zähne.
- Das Chinchilla streicht sich häufig mit den Pfoten über das Mäulchen.
- Verschmutzter After.
- Verwahrlostes Fell.
- Das Tier wirkt erschöpft und sitzt müde oder apathisch in einer Ecke.
- Es hat Krämpfe.
- Das Tier zeigt kein Interesse mehr an seiner Umgebung oder seinem Partner.
- Auf oder unter der Haut sind Knoten, Schwellungen oder Krusten zu fühlen.
- Das Tier setzt auffällig wenig oder keinen Kot mehr ab (Seite 52).
- An den Augen oder der Nase befinden sich Ausfluss oder Krusten.
- Ein Chinchilla zeigt unnormale Bewegungen oder Körperhaltung (Seite 53).
- Häufiges Jucken oder Lecken an der selben Stelle.

Den richtigen Tierarzt finden

Erkundigen Sie sich nach den Erfahrungen, die der Tierarzt bisher mit Chinchillas gemacht hat.

Er sollte das Tier eingehend untersuchen und sich nach seinen Haltungsbedingungen und der Fütterung erkundigen, bevor er eine Diagnose stellt.

Der Tierarzt erklärt Ihnen seinen Befund, die Wahl und Gabe der Medikamente und erläutert, wie er sich die weitere Behandlung und den Heilungsverlauf vorstellt. Er nimmt Ihre Sorgen ernst und antwortet geduldig und verständlich auf alle Ihre Fragen.

Wählen Sie einen Tierarzt, der bei Ihren Chinchillas eine Inhalationsnarkose durchführen kann, diese ist für die Tiere verträglicher als andere Narkosearten.

Der Tierarztbesuch

Rufen Sie den Tierarzt an, bevor Sie sich auf den Weg zu ihm machen, eine unnötige Fahrt oder lange Wartezeiten, weil er gerade unterwegs ist, würden das Kranke zusätzlich stressen. Transportieren Sie es in einer mit Streu und Heu kuschelig gepolsterten Transportbox und stellen Sie ein Sandband hinein.

Verhaltensprobleme

Neben organischen Erkrankungen können Chinchillas auch unter Verhaltensproblemen leiden. Schlechte Haltungsbedingungen, wie kleine oder langweilig eingerichtete Gehege, sind der Hauptgrund, warum Chinchillas ihr eigenes Fell benagen – besonders einzeln gehaltene Tiere neigen aus Einsamkeit und den fehlenden Sozialkontakten dazu. Aber auch falscher Badesand, Vernachlässigung vom Partner und – selten – eine erbliche Veranlagung oder hormonelle Störung können die Ursache dieser Verhaltensstörung sein. Tiere mit stereotypem Verhalten laufen im Käfig ständig hin und her, springen auf eine Stelle und wieder zurück, in den Ruhepausen sitzen sie fast regungslos auf ihrem Platz.

In einer Box sind die Chinchillas auf dem Weg zum Tierarzt gut untergebracht. Praktisch ist es, wenn sie sich auch von oben öffnen lässt.

▸ **Erste Maßnahmen** bei diesen Tieren sind ein wesentlich größerer und interessant eingerichteter Käfig, mehr Auslauf und Beschäftigung sowie die ständige Möglichkeit, ein Sandbad (Seite 24) zu nehmen. Einzeln gehaltene Chinchillas sollten immer einen Partner bekommen (Seite 34). Zeigt sich bei den Tieren nach diesen Maßnahmen auch nach mehreren Wochen immer noch keine Besserung, müssen sie vom Tierarzt untersucht werden.

SMART

Haare lassen

- **Chinchillas** „werfen" bei Stress Haare ab.
- **Verliert** Ihr Chinchilla beim Tierarztbesuch büschelweise seinen dichten Pelz, ist das kein Grund zur Besorgnis, sondern eine ganz normale Reaktion des Tieres.

Mögliche Krankheiten

Durchfall

Der Kot ist breiig, schmierig oder auch klebrig, schlimmstenfalls wässrig. Ursache sind unverträgliches oder verdorbenes Futter, Futterumstellung, die Aufnahme schädlicher Substanzen (z. B. beim Freilauf), mangelnde Käfighygiene, Infektionen oder Parasiten.

▸ **Behandlung:** Leckerchen absetzen, nur Heu füttern, Voliere mit heißem Wasser reinigen, Inneneinrichtung auswechseln. Zeigt sich in 24 Stunden keine deutliche Besserung, das Tier zum Tierarzt bringen und Sammelkotprobe der letzten drei Tage mitnehmen. Bei einer Verschlechterung oder wässrigem Kot sofort zum Tierarzt, auch nachts oder am Wochenende!

▸ **Vorsorge:** Futter und Heu auf Qualität, Haltbarkeit und Parasitenbefall kontrollieren. Achten Sie auf Hygiene im Chinchillaheim und passen Sie beim Freilauf auf, dass die Tiere nichts Ungenießbares benagen. Futter möglichst nicht umstellen (Seite 36). Geben Sie den Tieren kein Grünfutter.

Verstopfung

Der Kot ist kleiner als üblich, eventuell wirkt das Tier schwerfällig, teilnahmslos und frisst weniger, im schlimmsten Fall setzt es keinen Kot ab. Ursache sind oft Bewegungsmangel und unausgewogene Ernährung.

▸ **Behandlung:** Bei Apathie, Nahrungsverweigerung oder fehlendem Kotabsatz sofort zum Tierarzt, sonst droht ein Darmverschluss. Ist das Tier munter, können ein Stückchen Apfel oder Möhre (nur wenn die Tiere daran gewöhnt sind) und viel Kräuterheu helfen. Zeigt sich nach 24 Stunden keine Besserung, muss das Tier unbedingt zum Tierarzt.

▸ **Vorsorge:** Viel Freilauf bieten und die Chinchillas ausgewogen füttern.

Futterumstellungen verursachen Durchfall, diese möglichst vermeiden oder langsam umstellen.

Zahnanomalien

Zahnfehlstellungen werden vererbt, durch Fütterung zu weicher Nahrung oder einen abgebrochenen Zahn verursacht. Die Zähne reizen das Zahnfleisch, Entzündungen und Schmerzen beim Fressen sind die Folge. Das Tier frisst weniger, kaut einseitig, die Zähne werden nicht richtig abgenutzt: Das kann seinen Tod zur Folge haben!

▸ **Behandlung:** Zahnkorrektur durch den Tierarzt. Bis das Tier wieder frisst, kann es mit flüssiger Nahrung gefüttert werden, zusätzlich hilft eine Vitaminpaste.

▸ **Vorsorge:** Täglich Heu, harte Pellets und Knabbermaterial geben. Bei erblicher Fehlstellung hilft nur das Beschneiden etwa alle vier Wochen. Die Tiere sollten dabei eine leichte Inhalationsnarkose erhalten, um ihnen den Stress der Behandlung mit einem Maulspreizer zu ersparen. In schweren Fällen sollten Sie die Einschläferung erwägen.

Bringen Sie Ihr Chinchilla nach einem Absturz immer zum Tierarzt. Durch das dichte Fell sind Verletzungen oft nicht auf Anhieb erkennbar.

Krämpfe

Besonders in aufregenden Situationen oder bei starker Hitze fängt das Tier an zu zittern, atmet schwer, zuckt krampfartig oder fällt um. Dies kann mehrere Minuten dauern. Vitaminmangel, besonders von Vitamin B (Seite 49), ist die häufigste Ursache dieser Krämpfe, als Folge falscher Ernährung, Stress, chronischer Darmerkrankung oder erblicher Veranlagung.

▸ Vorsorge und Behandlung: Das Tier muss schnellstmöglich vom Tierarzt mit Vitaminen und Kalzium behandelt werden. Weiterhin ist jeder Stress von ihm fernzuhalten und der Freilauf zeitlich zu beschränken.

SMART

Stress vermeiden

- **Die Gehegereinigung** ist für Chinchillas eine aufregende Sache.
- **Gestalten** Sie nach einer Reinigung deswegen nicht das Gehege neu, das wäre zu viel Stress auf einmal für die Tiere – lieber einige Tage später.

Penisring

Bei erwachsenen Böcken können sich Haare um den Penis legen, ihn einschnüren und zu Entzündungen, Penisvorfall und Deckunfähigkeit führen: Das Tier muss sofort zum Tierarzt!

▸ Vorsorge und Behandlung: Kontrollieren Sie den Penis regelmäßig auf Einschnürungen durch verfilzte Haare. Deren Entfernung sollten Sie sich vom Tierarzt zeigen lassen, bevor Sie es selbst versuchen – sie könnten das Tier verletzen!

Was Sie tun können

Halten Sie sich bei der Behandlung des kranken Chinchillas unbedingt an die Anordnungen des Tierarztes. Schnell können bei der Behandlung mit Hausmitteln oder schon vorhandenen Medikamenten aus der Hausapotheke das falsche Mittel oder die falsche Dosierung gewählt werden – was die bestehende Erkrankung sogar verschlimmern kann. Es braucht wirklich viel Erfahrung, um dies selbst vorzunehmen.

Medikamente eingeben

Ihr Tierarzt wird Ihnen eine genaue Dosierungsanleitung für Medikamente gegeben haben. Setzen Sie die Arznei auf keinen Fall früher als empfohlen ab, sonst besteht die Gefahr eines Rückfalls oder der Resistenz, besonders bei Antibiotika.

- **Tropfen:** Flößen Sie dem Chinchilla flüssige Medikamente in einer Spritze ein (natürlich ohne Nadel, am besten eignet sich eine Insulinspritze mit 1ml-Fassungsvermögen) – einige Tiere lecken die Tropfen sogar von der Spritze ab. Sträubt sich das Chinchilla, müssen Sie es vorsichtig im Nacken festhalten und die Spitze der Spritze in die Backentaschen schieben. Rechnen Sie immer mit einer heftigen Abwehrreaktion der Tiere! Manche Chinchillas machen es Ihnen einfach und nehmen Tropfen mit in Wasser oder Früchtetee aufgeweichten Pellets an. Die Gabe der Tropfen über die Trinkflasche ist nicht zu empfehlen. Die Dosierung ist sehr ungenau und Sie haben dabei keine Kontrolle, welches Tier das Medikament aufnimmt. Einige Chinchillas trinken nur sehr wenig und würden nicht genug von dem Wirkstoff aufnehmen.
- **Tabletten:** Halten Sie das Chinchilla wie oben beschrieben fest und schieben Sie die Tablette vorsichtig in eine Backentasche. Spuckt das Tier sie jedoch wieder aus, können Sie die Tablette auch in Wasser auflösen und mit der Spritze eingegeben.

Trennen Sie die Tiere nur, wenn der Tierarzt dies anordnet. Die Einzelhaltung ist großer Stress für die Chinchillas.

Kuschelig

Vielleicht wird der Tierarzt Ihnen die Anwendung einer Rotlichtlampe empfehlen, damit das kranke Chinchilla es warm genug hat. Diese Lampen bekommen Sie in den meisten Elektrogeschäften. Bestrahlen Sie nur eine Ecke des Geheges, damit das Tier sich aussuchen kann, ob es sich im erwärmten Bereich aufhalten möchte. Halten Sie Ihre Hand dorthin: der Abstand ist richtig, wenn die Wärme auf Ihrer Hand angenehm ist.

Halten Sie sich bei der Behandlung eines kranken Chinchillas immer genau an die Anweisungen und Verordnungen des Tierarztes.

Chinchillasenioren

Chinchillas sind oft bis ins hohe Alter agil. Trotzdem leiden auch sie unter Alterswehwehchen. Die Sinne lassen nach, vielleicht fällt der eine oder andere Zahn aus und sie toben nicht mehr so viel. Seien Sie besonders liebevoll zu ihnen und nehmen Sie Rücksicht auf ihre veränderte Bedürfnisse. Passen Sie gut auf die Senioren auf, sie können Abstände vielleicht nicht mehr gut einschätzen und würden sich bei einem Sprung verletzen: Ziehen Sie mehr Etagen im Käfig ein und verändern Sie die Einrichtung des Freilaufzimmers möglichst nicht mehr. Vielleicht erschrecken sich die Chinchillas nun auch leichter. Bewegt sich ein Tier weniger, verhindert leichte Nahrung Übergewicht. Kann es nicht mehr gut kauen, muss das Futter weicher sein (Kasten links). Die Folge ist, dass sich die Zähne nicht mehr wie erforderlich abnutzen und regelmäßig vom Tierarzt gekürzt werden müssen.

SMART

Mundgerecht serviert

- **Kranke oder alte Chinchillas** können manchmal nicht richtig kauen und müssen dann mit Brei „gepäppelt" werden.
- **Oft** reicht es schon, wenn Sie die übliche Mischung aus Pellets und Kräutern ganz fein mahlen und mit Wasser zu einem dicken Brei anrühren.
- **Manchmal** ist auch die Ernährung mit der Spritze (Seite 54) erforderlich. Ob dann ein besonderes Rezept oder Zusätze erforderlich sind, erfahren Sie vom Tierarzt.

Nachwuchs

Wer ein „intaktes“ Chinchillapärchen hält, das heißt, das Männchen ist nicht kastriert, muss mit Nachwuchs rechnen. Und in einem sind sich wohl alle einig: Die Winzlinge sind besonders niedlich und lassen das Herz eines jeden Tierliebhabers höher schlagen. Doch bald stellt sich die Frage, wer die Kleinen nimmt. Chinchillas sind nicht so leicht zu vermitteln wie Meerschweinchen und Kaninchen, die Haltungsanforderungen sind viel anspruchsvoller, man bindet sich mit ihnen für wesentlich längere Zeit – und Freunde, Verwandte und Nachbarn sind bald eingedeckt. Bis zu drei Mal im Jahr kann Kindersegen ins Haus stehen, pro Wurf sind meist ein oder zwei Junge zu erwarten, manchmal aber auch mehr. Schnell kommt da ein Dutzend der Nager zusammen und Sie haben ein Problem! Deswegen sollten Sie sich gut überlegen, ob Sie Ihre Chinchillas sich vermehren lassen wollen – es gibt schon viel zu viele Tiere, die im Tierheim gelandet sind.

Chinchillakinder sind besonders knuffig und süß, doch für alle muss ein gutes neues Zuhause gefunden werden.

Familienplanung

Schon ab dem vierten Monat setzt die Geschlechtsreife ein, gedeckt werden sollten die Weibchen aber frühestens mit zehn Monaten. Um Nachwuchs zu verhindern, müssen Sie die Tiere während der Paarungsbereitschaft trennen, was für sie allerdings Stress bedeutet und nur von erfahrenen Haltern sicher durchgeführt werden kann. Sie können alternativ das Böckchen auch kastrieren lassen, was jedoch immer mit einem Risiko verbunden ist (Kasten Seite 50).

Brunst, Paarung und Geburt

Züchten soll man nur mit einem gesunden und verträglichen Pärchen! Zwei Tiere mit dem Letalfaktor, den z. B. Velvet-Chinchillas (Seite 15) haben, dürfen nicht miteinander verpaart werden, der Nachwuchs könnte tot geboren, nicht lebensfähig sein oder die Frucht wird vom Weibchen abgestoßen, der Embryo

Junge Chinchillas müssen noch eine Menge lernen und sollten deswegen erst nach der 12. Lebenswoche von der Mutter getrennt werden.

„versteinert“. Anschließend ist das Weibchen wieder deckbereit. Dabei kann die Mutter jedoch lebensgefährlich erkranken.

▸ **Zweifelhafte Methoden:** Immer wieder heißt es, man könne ohne Probleme ein unkastriertes Pärchen halten, wenn beide Tiere den Letalfaktor besitzen, schließlich bliebe ja der Nachwuchs aus. Wer das riskiert, nimmt Qualzuchten in Kauf.

▸ **Empfängnis:** Alle 28 bis 35 Tage ist das Weibchen für drei bis fünf Tage paarungsbereit. Im Durchschnitt dauert eine Trächtigkeit 111 Tage, normal sind auch drei mehr oder weniger. In dieser Zeit braucht das Tier zusätzlich Kalk (fragen Sie den Tierarzt) und viel Ruhe.

▸ **Die Geburt:** Sie findet meist unbemerkt morgens statt, so dass Sie bei der morgendlichen Fütterung in der Regel den Familienzuwachs entdecken werden. Viele Chinchillaväter kümmern sich rührend um ihre Sprösslinge und wärmen sie. Allerdings kann das Weibchen sofort nach der Geburt wieder gedeckt werden. Wenn also kein weiterer Nachwuchs geplant ist, muss das Paar schon vor der Geburt getrennt werden. Nehmen Sie dann auch für vier bis sechs Tage das Sandbad heraus, sonst droht eine Gebärmutterinfektion.

SMART

Harmonisch

› **In der langen Zeit** der Trächtigkeit müssen Aufregung und Stress vom Weibchen unbedingt fern gehalten werden.

› **Die werdende Mutter** schläft dann sehr viel, oft in der für sie sehr bequemen Seitenlage.

Muntere Kinderstube

Bei einer Chinchillafamilie ist immer etwas los. Die als Nestflüchter auf die Welt kommenden und bereits nach wenigen Tagen auf Entdeckungstour gehenden Winzlinge halten ihre Mutter ganz schön auf Trab.

Obwohl Chinchillakinder sehr selbstständig zu sein scheinen, brauchen Sie unbedingt die Fürsorge ihrer Mutter. Auf keinen Fall darf man sie zu früh von ihrer Familie trennen, da es sonst später Probleme im Umgang mit Artgenossen geben kann, weil sie wichtiges Sozialverhalten nicht gelernt haben.

Nach der Geburt ▸ Zur Begrüßung „beißt" die Mutter ihre Babys in den Nacken, worauf diese mit einem Quieker antworten. Die Jungen sind vollständig behaart und haben die schon ihre Äuglein geöffnet. Sie werden von der Mutter gesäugt und wiegen im Durchschnitt knapp 50 g – das Gewicht kann aber jetzt und später sehr stark variieren.
Die Winzlinge werden von ihrer Mama liebevoll umsorgt und suchen oft Schutz unter ihrem wärmenden und kuscheligen Fell.

2

◀ **Erste Ausflüge** Die jungen Chinchillas unternehmen bereits in der ersten Lebenswoche neugierig erste kurze Ausflüge in die direkte Umgebung des Nestes. Dabei hat ihre Mutter aber immer ein wachsames Auge auf die kleinen Entdecker und gibt acht, dass ihnen unterwegs nichts passiert. Obwohl der Nachwuchs noch gesäugt wird, probieren die Jungen schon erste feste Nahrung und lernen dabei, wie für Nestflüchter typisch, von der Mutter, was bekömmlich ist.

Klettertouren ▶ Schon in der zweiten Woche beginnen die Chinchillababys, ihre Kletterkünste zu testen und für spätere akrobatische Vorführungen zu trainieren. Sie tun dies im Spiel und dass die Kleinen dabei manchmal etwas waghalsig und verwegen sind, versteht sich von selbst: Schließlich müssen sie ihre Körperbeherrschung erst noch lernen. Deswegen sollten Sie zusätzliche Etagen oder „Fallnetze“ aus an den Zipfeln am Gitter festgebundenen alten Geschirrtüchern einziehen, damit es bei einem Absturz nicht zu Verletzungen kommt.

3

4

Trennung ▲ Nach etwa vier Wochen werden die Kleinen nur noch selten gesäugt, der Anteil an fester Nahrung ist jetzt viel größer. Sie wiegen durchschnittlich 130 g. Nach acht Wochen brauchen sie keine Muttermilch mehr, aber noch die Wärme der Mutter. Sie wiegen im Schnitt 250 g. Die Knirpse sollten nun noch einen Monat bei der Mutter und den Geschwistern bleiben, um Sozialverhalten zu lernen.

Infoecke

Making Of

▸ Die Autorin
Heike Schmidt-Röger ist freie Journalistin und Redakteurin mit dem Spezialgebiet Heimtiere. Eine Fülle eigener Beobachtungen und Erfahrungen fließt in ihre Arbeiten ein, denn seit ihrer Kindheit ist sie von Vögeln, Nagern, Hunden und anderen Tieren umgeben. Sie ist Verfasserin mehrerer Bücher und zahlreicher Artikel für Tageszeitungen, Zeitschriften und Magazine.

▸ Die Autorin dankt
Gisela Lenski, Christine Breitkopf, Sandra Korrendorf und der Tierärztin Stefanie Hallack für die fachliche Unterstützung. Ihr Dank geht auch an Susanne Blank, Ines, ihren Mann Stefan und ihre Mutter für deren Hilfe.

Adressen

Deutscher Tierschutzbund e.V.
(Adressen von Tierheimen)
Baumschulallee 15
53115 Bonn
Tel. 0228/604960
www.tierschutzbund.de

Zentralverband Zoologischer Fachbetriebe Deutschland e.V. (ZZF)
Tel. 06103/910735
www.zzf.de

Nagerhilfe
www.nager–info.de

Chinchilla-Homepage
www.chinchilla.de

Interessengemeinschaft Chinchilla
www.chinchilla.info/

Chinchillas suche ein Zuhause
www.chinchillas-suchen-ein-Zuhause.de/

nagetiere online
www.nagetiere-online.de

(Hinweis: Der Verlag Ulmer ist nicht für den Inhalt von Links verantwortlich)

Die Fotografin Regina Kuhn ist freischaffende Fotodesignerin und Autorin mit jahrelanger Erfahrung in der Fotografie von Heimtieren.

Der Verlag und die Fotografin danken für die freundliche Unterstützing bei den Fotoarbeiten: Trixie Heimtierbedarf, Tarp
Rodipet Kleinsäugerzubehör, Düsseldorf
Zoo-Kölle, Stuttgart
Zoo-Utke, Oberesslingen

Ute und Tamara Oberhoffner, Endersbach
Claudia Breusch , Salach
Melanie Piesiur, Kirchheim-Teck

Impressum

Bibliografische Information der Deutschen Bibliothek
Die Deutsche Bibliothek verzeichnet diese Publikation in der Deutschen Nationalbibliografie; detaillierte bibliografische Daten sind im Internet über http://dnb.ddb.de abrufbar.

Wollgrasweg 41,
70599 Stuttgart
E-Mail: info@ulmer.de
Internet: www.ulmer.de
Lektorat: Dr. E.M. Götz
Redaktionelle Bearbeitung: textory mediaService
Covergestaltung und Innenlayout: X-Design, München
Druck und Bindung: Litotipografia-editrice Alcione, Trento
Printed in Italy

ISBN 3-8001-4469-7

Bücher

Briemle, G.: **Farbatlas Kräuter und Gräser in Feld und Wald.** Verlag Eugen Ulmer, Stuttgart 1997.

Cremer, S.: **Das große Chinchilla-Handbuch.** BoD, 2002.

Gabrisch, K.: **Krankheiten der Heimtiere.** Schlütersche Verlagsanstalt, Hannover 1995.

Zeitschriften

RODENTIA
Kleinsäuger-Fachmagazin, Natur- und Tierverlag Münster
www.ms-verlag.de

Ein Herz für Tiere.
Gong Verlag, München

Bildquellen

Regina Kuhn Fotodesign: Alle Fotos im Innenteil und auf den Umschlagseiten.

Haftung

Die Autorin und der Verlag haben sich um richtige und zuverlässige Angaben bemüht. Fehler können jedoch nicht vollständig ausgeschlossen werden. Eine Garantie für die Richtigkeit der Angaben kann daher nicht gegeben werden. Haftung für Schäden und Unfälle wird aus keinem Rechtsgrund übernommen.

Register

Smart bringt's. Punkt.

Meerschweinchen.
Fritz Dietrich Altmann. 2005.
Ca. 64 S., ca. 60 Farbf., kart.
ISBN 3-8001-4479-4.

Mäuse.
Georg Gaßner. 2005.
Ca. 64 S., ca. 60 Farbf., kart.
ISBN 3-8001-4482-4.

Zwergkaninchen.
Fritz Dietrich Altmann. 2005.
Ca. 64 S., ca. 60 Farbf., kart.
ISBN 3-8001-4480-8.

Wellensittiche.
Kurt Kolar. 2005.
Ca. 64 S., ca. 60 Farbf., kart.
ISBN 3-8001-4481-6.

Frösche.
Uwe Dost. 2005.
Ca. 64 S., ca. 60 Farbf., kart.
ISBN 3-8001-4253-8.

Miniteiche und Brunnen.
Andrea Christmann. 2005.
Ca. 64 S., ca. 60 Farbf., kart.
ISBN 3-8001-4745-9.

Gärten für jeden Typen.
Jutta Korz. 2005.
Ca. 64 S., ca. 60 Farbf., 5 Tab., kart. ISBN 3-8001-4746-7.

Astrologiegärten.
Regina Engelke. 2005.
Ca. 64 S., ca. 65 Farbf., 12 Zeichn., kart.
ISBN 3-8001-4742-4.

Balkonkästen.
Monika Kratz. 2005.
Ca. 64 S., ca. 60 Farbf., kart.
ISBN 3-8001-4142-6.

Rosen pflegen.
Henry Klein. 2005.
Ca. 64 S., ca. 60 Farbf., kart.
ISBN 3-8001-4747-5.

Küchenkräuter.
Gabriele Lehari. 2005.
Ca. 64 S., ca. 60 Farbf., kart.
ISBN 3-8001-4741-6.

Änderungen und Irrtümer vorbehalten.

Ganz nah dran. Ulmer

Kluge Tipps für SMART-KIDS

Überschrift

Deine Chinchillas wollen gern etwas erleben. Du kannst ihnen tolle Sachen zum Untersuchen basteln, darin Futter verstecken und sie so prima beschäftigen.

Bevor du mit den pelzigen Gesellen spielen, musst du aber abwarten, bis sie wach sind und sich geputzt haben, wecken darfst du sie auf keinen Fall. Denn sie schlafen am Tag und werden erst abends munter – dir würde es auch nicht gefallen, immer mitten in der Nacht geweckt zu werden. Auf den Seiten 38 bis 41 findest du viele Bastel- und Spielideen, doch dir fallen bestimmt auch noch andere Sachen ein, die euch allen Spaß machen. Frage vorher aber immer deine Eltern.